通证经济改造

TOKEN

全球经济的下一场风暴

ECONOMICS

徐刚 余辉 / 著

中国商业出版社

图书在版编目（CIP）数据

通证经济改造：全球经济的下一场风暴 / 徐刚，余辉著. -- 北京：中国商业出版社，2019.12
ISBN 978-7-5208-0872-9

Ⅰ. ①通… Ⅱ. ①徐… ②余… Ⅲ. ①电子商务－支付方式－通俗读物 Ⅳ. ①F713.361.3-49

中国版本图书馆 CIP 数据核字(2019)第 251668 号

责任编辑：刘万庆

中国商业出版社出版发行
010-63180647　www.c-cbook.com
（100053　北京广安门内报国寺1号）
新华书店经销
三河市长城印刷有限公司印刷
*
710 毫米×1000 毫米　16 开　13.5 印张　185 千字
2020 年 1 月第 1 版　2020 年 1 月第 1 次印刷
定价：68.00 元
****
（如有印装质量问题可更换）

序一

立秋，金秋来临，丰收的季节到了……

十分欣喜地看到两位通证经济学先锋推出新作，不胜感慨！

回想，自从中本聪创立比特币，并由此奠定区块链技术最成功应用的十多年来，通证经济的发展历程、区块链领域的风云际会、链圈和币圈的斗转星移、技术发展的波澜起伏、行情走势的变幻诡异等，正当人们感慨，我们人类是不是在这条路上走得太快、技术迭代太猛之时，是否也应该认真思考一下通证经济究竟为何物？通证经济的来源是什么？通证经济的未来在哪里呢？

所幸，诸多的疑问，均可以从《通证经济改造——全球经济的下一场风暴》一书找到答案。特别是对于代表通证经济发展方向的证券型通证发行(Security Token Offering)来说，无论从概念、设计还是运作实务等方面，作者都给出了详细的解读，提供了从模型设计到实际范例的一整套宝贵运作模式和指导，实在是目前该领域不可多得的工具书。

即使是对于初识通证经济，或者希望追赶时代潮流、迫切希望加深对通证经济的了解或入门的读者而言，此书亦不失为一本包含了通证经济的经济学源头、哲学渊源、技术极客等各方面，且兼具专业性和科普性的入门读物。

"滚滚长江东逝水，浪花淘尽英雄。"在技术的发展史上，自然有数不清的波折或难题出现。例如，来自监管合规、技术实现、安全性、速度或落地应用场景等方面的困难，可能要再过五年、十年才能达到规模化的落地应用，等等。但作为能极大改善和优化生产关系，实现由互联网的信息传递到区块链的价值传递，构建一个更为高效、互信、公平、正义的社会的完美体系，无论怎么描述通证经济的意义也不为过。

如果通证经济发展到相当成熟的水平，合规的数字货币就有可能真正得以实现，这样就既兼顾了国家地区监管的要求，又满足了个人隐私的需求，监管难题迎刃而解。另外，这对税收也是非常有益的。比如，可以简化税收的过程，避免偷税漏税。更加重要的是，如果数字货币通行全球，那么在人类历史上（因为所有经济活动都需要利用数字货币），将实现监督透明化。如此一来，人们就有可能实现第一次真正意义上的零腐败，从而开创一个人类历史的新纪元。

开卷有益，前景无限。让我们抓住机遇，满怀期待地拥抱这个通证经济爆发的伟大时代吧！

中国电子学会区块链专家委员

中国移动区块链首席安全专家

区块链（深圳）研究开发中心首席科学家

黄连金

二零一九年八月八日

序二
让通证经济改造为中国经济增长服务

在目前经济下行的趋势下，我们一直致力于"六个稳"的工作。但是怎样才能实现在经济下行时有所作为呢？无疑，"链改"即区块链或通证经济改造是重中之重。非常幸运的是，本书两位作者以独到的眼光，敏锐地感知到了当前的问题和需求，为我们贡献了通证经济改造的工具书。真是恰到好处、恰逢其时！

对传统产业、企业进行通证经济改造，不仅仅是运用区块链等相关技术的技术革命，更是一场涉及优化生产关系的认知革命。通证经济改造中，区块链用技术逻辑重塑了传统经济学、赋能了传统的产业或企业。虽然从目前看来，几乎仅见到比特币这个"杀手级"应用。但我坚信，假以时日，少则两三年，多则三五年，一定会在新零售、跨境电商、游戏娱乐、普惠金融、税务管理、保险理赔等诸多领域，出现成熟化、规模化、革命性的"杀手级"应用，实现颠覆性的突破，为我们的传统企业带来全新生命力和创新模式，为经济的增长发挥出意想不到的威力，乃至引发全球经济的下一场风暴。

诚然，在通证经济改造的过程中，肯定会遇到各种各样的困难或问题，比如监管和合规方面的新情况等，因此我们要以一种培养孵化新技术、新经济模式的开放心态来对待。对于其中发现的某些问题，要善于具体问题具体分析，寻求解决方案甚至提供政策护航，允许试错。绝对不可以"把脏水和孩子一起倒掉"。

正如人们所说，如果中本聪获得了诺贝尔奖，那么通证经济学就可以登堂入室，成为显学了。这虽然略带有调侃的语气，但我们依然可以体会到其中所包含的两个重要意思：一是即使比特币只是区块链的第一个"杀手级"应用，但它已经以"数字黄金"的名义影响到了人类社会的方方面面，以致美国证券交易委员会（SEC）宣布，将通过其下属公司参与一个节点，以便监督比特币的运营。二是我们可以感知到传统经济领域的人们对于新技术、新经济模式的无限期待与渴望。

通证经济改造的实质性功能，在于打通虚拟经济与实体经济之间的通道。特别是被普遍认为的通证经济改造，或"链改"未来发展方向和主流的证券型通证经济改造（STO），将利用区块链及其相关技术，打通金融资产进入实体经济的黄金通道，真正为实体经济赋能。同时，也可能为传统的天使投资、风险投资、股权投资等带来全新的实现模式。

所幸，二位通证经济改造的专家和践行者给我们提供了一本既有理论、模型、实践及具探讨性的读物，又给我们打捞"沉没资产"等提供了金玉良言、锦囊妙计。因此，该书无论对于从事通证经济改造的专业工作者，还是大众学习之用，均是理想的选择用书。

国家信息中心中经网副主任
二零一九年八月一日

前言 PREFACE

从2017年开始,"区块链"三个字忽然炙手可热起来。几乎在一夜之间,大批投资者们都知道了"比特币"这种新生事物的存在。随之而来的便是ICO的狂潮,在那段野蛮发展期间,不少人确实靠着投资数字货币搭上了财富快车,但更多的人则是搭上了财富的过山车,因为不懂区块链,只是盲目跟风当前的财富效应,导致最后缴纳了高昂的学费。

其实,区块链技术并不是一夜之间冒出来的,它最早出现在20世纪90年代。哈希(Hash)理论的提出,直接播下了区块链技术工作量证明(POW)的种子;随后,2008年美国次贷危机中技术极客对美国采取的货币政策表示不满,以中本聪为代表的技术极客提出研发"超级货币"的设想。同年,中本聪第一个在极客联盟中发表了名为《比特币:一种点对点的现金支付系统》的文章,对以区块链技术为核心的数字货币——比特币进行了系统性的阐述。次年1月份又公布了比特币创世区块……到如今,比特币已经默默发展了整整10年。

厚积薄发,十周岁的区块链技术,必将像当年一度沉寂的互联网一样,点燃一场新技术的激情之火。简单来说,区块链就是一个分布式账本,通过将数据打包成区块,按照一定的时间顺序,前后咬合,进行正确排列。在未来,区块链还将成为万物互联的超级账本,并与物联网、大数据、云计算、人工智能、5G等高新科技,共同成为未来经济的基础、支撑和新引擎。用著名杂志《经济学人》的话说,区块链是一个创造信任的机器，而信任是社会运行的基础。在区块链之前，人们为建立信任、达成共识，花费了很多资源，但效果往往差强人意。未来，这种情况将大大改观。

但是，ICO又给人们浇了一瓢冷水。人们发现，这种完全没锚定物的新型融资方式风险极高，不仅参与者赚不到赢利，等不到升值，有融资需求的企业与项目也拿不到资金。这也催生了STO的诞生。

所谓STO，即证券型通证发行，英文全称为Security Token Offering。有人说，它是以美国为代表的一些国家对ICO的"应激反应"，是在无法及时出台相适应的监管政策的情况下，将新生的通证经济纳入传统金融监管系统的尝试。确实如此。以美国为例，其在2017年7月提出，由美国证监会SEC进行通证市场监管；SEC在接下任务后，考虑到自己没有相关经验，便借用美国现行证券法，将可以适用证券规则监管的通证纳入到现有监管范围，具体称为"证券型通证"，其余不适合监管条例的通证，则纳入到"实用型通证"类型中。迄今为止，美国也没想好怎么面对实用型通证。而证券型通证，不仅被纳入了监管体系，而且已经产生了一小批成功案例。截至笔者截稿，成功案例大约有40例。这不仅为美国相关企业和项目提供了出口与通道，同时也向全球相关企业或项目抛出了橄榄枝。因为只要满足相关的条例，任何企业都可以像赴美上市一样，赴美STO。

也有一种说法，认为STO其实是IPO在区块链时代的升级版本，并且给它起了个名字叫IPO 2.0。IPO，众所周知，其全称为Initial Public Offering，指企业首次向公众招股，目的是募集资金，从而实现更好的发展。同时，IPO必须具备相应条件，如必须是股份公司，必须经营满三年以上，且连续三年盈利等。很多的"必须"，把大多数公司挡在了门外。相对而言，STO

尽管也有不低的门槛，但整体上还是要低得多。如前所述，STO只达到了相关国家证券发行的最低标准，最重要的是它的每一份通证都对应着实体资产或价值，因此，二者有很大的共同性。我们知道，股票是一种伟大的发明，是西方世界主导人类进程四百年的探索之一，是西方文明树上的果实之一，现在还移植到了全球，其要义就是可以将社会上分散的资金集中起来，通过企业成长发展社会经济。然而IPO仍存在很多不足，将很多公司挡在了门外，相当于将很多资产挡在了门外。相较而言，STO的优势就在于：能够尽可能盘活沉睡资本，促进社会资本的流动，吸引更多的人参与其中，继而惠及更多人群。

这里不妨举两个小例子：一是位于纽约曼哈顿东村一栋共有12个单元建筑物的通证化，它在2018年10月有幸成为全球首个在以太坊上进行通证化并成功发行的大型地产项目；二是美国知名视觉艺术家安迪·沃霍尔在1980年创作的绘画作品《14把小电椅》，它是全球首个用区块链智能合约竞拍的艺术品。这两个案例的成功提醒世人，使用区块链技术与STO理念，无论不动产也好，天价艺术品也好，都可以像流通金融产品一样进行实时交易。那么很简单：如果美国纽约曼哈顿东村的物业可以STO，那么中国北京中关村的物业为什么不可以？如果美国的艺术作品可以STO，那么中国的艺术作品为什么不可以？全球其他地区的不动产与艺术品为什么不可以？推而广之，其他有价值的物品与事物为什么不可以？一句话，STO可以在未来覆盖所有的资产与价值，这种直接锚定资产与价值的全新融资方式不仅会促进全球资产的广泛流动，促进通证经济的飞速发展，也将促进区块链技术本身的成长，进而从资本与底层技术两方面共同促进诸如人工智能、云技术、大数据、物联网等相关技术的发展，进行一场超越目前认知的革命。

虽然STO目前还不是显学,但我们要眼光长远,要站在未来看待当下。只有这样,才能提前站在风口上,等风来,蓄势待发。而现在,STO引发的全球经济风暴不是能否到来的问题,而是已经在到来的路上。我们希望通过这本书,和大家一起从浅到深、从历史到未来、从概念到应用、从技术到商业、从经济到社会等诸多层面,提前迎接它的到来,并及早深入其本质,抛砖引玉,对希翼进入相关领域的人们有所启发。如此,将不胜欣慰。

目录 CONTENT

第一部分 区块链认知革命 / 1

一、区块链技术的产生：从技术到哲学的进步 / 2
1. 区块链技术的诞生 / 2
2. 区块链技术是交叉学科的集合 / 3

二、认识区块链的本质 / 6
1. 区块链对现代理论体系的穿透 / 6
2. 信任的机器：生产关系的改造 / 8
3. 区块链对人类社会的贡献：信任的规模化 / 12

三、区块链的发展趋势 / 17
1. 世界各国对区块链技术的支持 / 17
2. 世界各国对区块链监管政策的分析 / 20

四、区块链技术与区块链思维 / 37
1. 区块链五大思维 / 37
2. 从区块链技术到哲学 / 39

第二部分 通证与通证经济 / 43

一、通证的本质及分类 / 44
1. 通证是什么 / 44
2. 现实世界的通证 / 48
3. 通证的分类与应用 / 49
4. 通证分类全景图与局限 / 58

二、通证经济 / 62

　　1. 通证经济与通证经济学 / 62

　　2. 面向未来世界的通证经济体 / 66

　　3. 通证经济体的特点与意义 / 67

三、资产通证化 / 69

　　1. 什么是资产通证化 / 69

　　2. 资产通证化带来的价值 / 69

　　3. 可通证化的资产类别 / 74

　　4. 资产通证化面临的挑战 / 75

　　5. 部分资产通证化案例与项目解析 / 77

第三部分 通证经济与实体经济 / 93

一、通证：区块链底层技术的最大应用 / 94

　　1. 农业文明、工业文明和数据文明 / 94

　　2. 从信息互联网到价值互联网 / 95

　　3. 通证将重塑价值流转体系 / 97

二、区块链背后的经济学理论 / 103

　　1. 哈耶克与《货币的非国家化》/ 103

　　2. 马克思与《资本论》/ 105

　　3. 凯恩斯与《就业、利息和货币通论》/ 106

三、区块链技术与高新技术 / 107

四、区块链技术、通证经济与新零售 / 109

　　1. 营销环境 / 109

　　2. 去中心化交易 / 110

3. 在线支付系统的升级 / 111

五、区块链技术、通证经济与财富再分配 / 113

第四部分 通证经济改造 / 117

一、通证经济改造的合规模型 / 118

1. 合规模型的定义和理解 / 118

2. 合规模型的法律构架 / 120

二、通证经济改造的体系架构 / 123

1. 节点 / 123

2. 平台 / 125

3. 行为 / 130

三、通证经济改造的应用模型 / 132

1. 通证的流通模型 / 132

2. 通证的激励模型 / 133

3. 通证的分配模型 / 133

4. 通证的估值模型 / 134

四、通证经济模型设计的方法、路径和步骤 / 139

1. 通证经济设计的前提和必要条件 / 139

2. 通证经济体系设计 / 146

3. 通证经济设计步骤 / 147

4. 通证经济系统设计的七个原则 / 148

第五部分 证券型通证发行（STO）/ 151

一、定义与关键区别 / 152

1. 证券型通证发行（STO）的定义 / 152

2. 证券型通证发行（STO）与传统首次公开上市（IPO）的区别 / 153

3. 证券型通证发行（STO）与首次虚拟币发行上市（ICO）的区别 / 153

二、证券型通证发行是打通虚拟和现实资产的"桥梁" / 156

1. 通证化发行资产的一般定义或种类 / 156

2. 证券型通证发行资产的特质 / 157

3. 证券型通证发行的意义与内涵 / 159

三、证券型通证发行的特殊意义 / 161

第六部分 证券型通证发行的应用探讨 / 163

一、证券型通证发行在全球的发展概况 / 164

二、证券型通证发行在美国的实践 / 166

1. 证券型通证发行与美国 SEC 法律的对接 / 166

2. 证券型通证发行的实操启示 / 168

3. 美国实现小批量证券型通证发行的启示 / 171

三、证券型通证发行在中国的意义 / 173

1. 盘活实体资产，提高流动性 / 173

2. 提升资本市场参与度与资本市场深度 / 174

3. 为产业转型和升级提供流动性和市场深度 / 175

4. 为新兴重点产业、关键科技产业服务 / 175

四、证券型通证发行在中国的可能性实践 / 177

1. 利用证券型通证发行扶持前沿科技产业的发展 / 177

2. 通过证券型通证发行重塑股权投资模型 / 177

3. 采用证券型通证发行盘活新三板的资源 / 178

4. 探讨用证券型通证发行解决二级市场流动性危机 / 178

5. 研究证券型通证发行解决企业债问题 / 179

6. 采用证券型通证发行的方法，用"土地银行"的概念进一步推进中国城镇化、新农村建设、特色小镇远郊或农村土地流转等进程 / 179

第七部分 证券型通证发行的发展与完善 / 181

一、证券型通证发行的合规问题 / 182

1. STO 与我国现行法律法规 / 182

2. 合规的风险与规避 / 183

二、证券型通证发行的人才问题 / 184

1. 新型边沿合成学科的人才局限 / 184

2. 全球区块链人才现状 / 184

3. STO 的人才问题 / 185

三、证券型通证发行的技术问题 / 186

1. 新技术的不成熟和风险 / 186

2. 新技术发展的快速与不断突破 / 188

3. 现行法律法规对新技术的友好度 / 189

四、证券型通证发行的培训问题 / 191

1. 培训主体 / 191

2. 培训的目的 / 192

3. 培训的专业度和水准 / 193

4. 自学的问题 / 194

后 记 / 196

免责声明 / 198

参考文献 / 199

第一部分 区块链认知革命

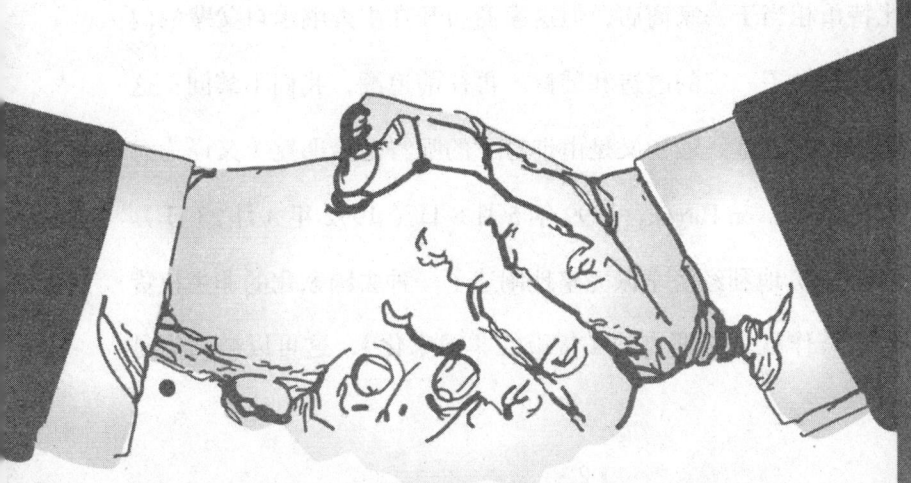

一、区块链技术的产生：从技术到哲学的进步

1. 区块链技术的诞生

在一年之前，如果你走进书店，打开任意一本关于区块链技术的图书，其开头十有八九会介绍或追溯到一个人身上，他就是中本聪（Satoshi Nakamoto）。网上仅有可见的个人资料并无多少价值，包括爱好收集火车模型，曾为大型企业和美国军方做过保密工作，是个日裔美国人等。2008年，他在互联网上发表了一篇文章，勾勒了比特币系统的基本框架。次年，他为该系统建立了一个开放源代码项目，比特币自此诞生。因此，人们都称中本聪为"比特币之父"。2010年，比特币渐成气候，在人人谈论之际，他却悄然离去，从此在互联网上销声匿迹。

但是，"比特币之父"绝不等同于"区块链之父"，尽管很多人想当然地将两者等同。从一定程度上说，区块链可以理解为比特币之父，后者是前者的底层技术的应用，或者说比特币最核心的技术是区块链。打个不恰当的比方，比特币相当于一家商店，但这家商店开在主人继承自父辈的门面房里，主人只是做了一定的改造和装修。再往前追溯，我们不禁问：这家商店、这所房子的地基，最初又是由谁打下的呢？是哈耶克（又译为海耶克，Friedrich August von Hayek，1899年5月8日至1992年3月23日）。

20世纪初期，奥地利经济学派完整地阐述了一种去国家化的非主权货币的构想，代表著作就是哈耶克的《货币的非国家化》，这可以被认为是

比特币最早的理论起源。可惜的是，当时没有强大的计算机，也没有互联网，因此从技术上无法实现。

但是随着时间流逝，时代进步了，计算机出现了，互联网飞速发展，这个悬而未决的技术难题也开始有了答案。

早在20世纪80年代，一群天才程序员便开始探讨这一难题。1982年，大卫·乔姆(David Chaum)首先提出了不可追踪的密码学网络支付系统概念。八年后，他将这一想法扩展为密码学匿名现金系统，即Ecash。1998年，戴伟(DaiWei)的论文阐述了一种匿名的、分布式的电子现金系统，即B-money。与此同时，尼克·萨博(Nick Szabo)发明了Bitgold，提出工作量证明机制，用户通过竞争性地解决数学难题，将解答的结果用加密算法串联在一起公开发布，进而构建出一个产权认证系统。哈尔·芬尼(Hal Finney)则在稍后把该机制完善为一种"可重复利用的工作量证明"。在前人的基础上，2008年，中本聪发表了《比特币：一种点对点的现金支付系统》，次年，比特币网络诞生。人类的货币史"正式"翻开了新的一页，区块链也逐渐广为人知。

2. 区块链技术是交叉学科的集合

如果不反对我们前面的比喻，那么"区块链技术是交叉学科的集合"这句话便非常容易理解：盖一所房子，仅仅有瓦工行不行？仅仅有木工行不行？仅仅有钢筋工行不行？答案是五行八作，缺了谁都不行。特别是建区块链这样的大房子，不仅需要瓦工、木工、钢筋工、漆工、水工、电工等众所周知的工种，还需要各种高端专业人士或团队，比如勘探方面的、材料方面的、施工方面的，等等，后期还需要不断地装修、维修与改造。

区块链是一门交叉学科，融汇了金融学、经济学、社会学、信息科技等基础学科，同时又远超这几门学科。即使是最基本的底层技术，最少也结合了密码学、计算机网络、哲学博弈论等众多门类知识。在未来，区块链还将踏上一个由它参与构造的更大的交叉平台，也就是与大数据、人工智能、物联网、云计算、5G及其他日新月异的技术一起，重新构建我们这个世界。

这个行业有链圈、币圈以及矿圈之分。

链圈。所谓链圈就是指区块链技术研发和技术服务输出等群体。

币圈。所谓币圈主要是指ICO项目发行方、天使投资者、基石投资者、私募、交易所平台、散户等生态系统。

矿圈。所谓矿圈主要是指由矿场主、矿工、矿池、矿机供应商等主体构成的系统。其中，矿场主一般都有雄厚的资金实力，同时有着较多的政府资源，能够获得低价的用电计划，继而建立自己的矿场。在该生态系统中，矿工处于最底层，容易受到主流数字货币二级市场价格波动的影响。矿池，主要是为矿工等提供算力等软件支持，但要依据算力矿池基数收取一定的服务费，收益稳定，并且风险较低。而矿机供应商的主要任务是，提供比特币、以太坊等主流数字货币挖矿设备。

前文我们曾经追溯过区块链的诞生，提到由于计算机技术这个关键节点的缺位，从哈耶克时代埋下的种子竟然沉睡了将近百年。没有哈耶克，也依然会有中本聪，但必须有一个类似于哈耶克的人提前做好基础研究和理论建构。实际上，哈耶克、大卫·乔姆、戴伟、尼克·萨博、哈尔·芬尼及一系列由于种种原因没能留下名字的天才程序员，都不可绕过。有些人哪怕只是做了一些基础工作或流程工作，依然不可绕过。他们的背后还

第一部分　区块链认知革命

有更多人，做着后勤或者支持工作，还有很多人就像那只引发海啸的蝴蝶一样，做着影响未来巨大变革而不自知的工作。没有一根根栋梁，没有一块块砖瓦，即使中本聪，也不可能独自站上空中楼阁。

如今，区块链时代已然来临，说明其底层技术已趋于成熟；然而众所周知，方兴未艾的区块链技术在应用过程中还存在着各种各样的问题，不仅包括科学技术方面的，也包括人文社科方面的。仅就技术层面而言，还有性能、安全、隐私、可操作性、可编程性、智能合约等多维度的问题有待解决。其背后预示着人类对整体自然科学及社会科学水平极大提升的急迫需求，当然也进一步阐释了区块链不仅是一门交叉学科，也是前所未有的最为繁复的交叉学科。

事实上，早在区块链技术还停留在基因阶段时，奥地利经济学派的哈耶克、米塞斯等人在进行理想探索的同时，就已经谈到了整个技术，谈到了政府和法律。今天我们研究区块链，推进区块链广泛应用的同时，又岂能一叶障目？我们要看到整个科技树，同时也要看到整座人类文明之森林。

二、认识区块链的本质

1. 区块链对现代理论体系的穿透

谈到区块链对现代理论体系的穿透，我们首先必须了解所谓的现代理论体系是什么。在这里，我们想用一个更简约的词来代替它，这个词叫"现代性"。简单来说，现代的世界、现代的国家、现代的社会与现代人的本质特征，就叫现代性。而这一系列现代的主体，也就是现代人的最主要特征，就是信奉自由与平等。

以"简史三部曲"著称于世的作家尤瓦尔·赫拉利（Yuval Noah Harari）在《今日简史》中讲到，现在全人类最大的共识就是自由和平等。而区块链，很多人在提到它时，经常会相应地提到"去中心化"这一概念。尽管对它的具体阐释因人而异，但很多乌托邦技术派人员却热衷于此，他们想通过区块链技术求得绝对的自由与平等。

作为一种技术，区块链也许并不能带来绝对的去中心化。相对于"去中心化"这个词汇，我们更倾向使用"多中心化"或"泛中心化"。因为中心化与去中心化，是这个世界的两面，绝对去中心化并不优于绝对中心化，去中心化固然会带来好处，但也必然会带来相应的坏处。中心化对应的是权威，没有中心化也就没有权威。但在很多方面，人们离不开中心化。区块链也好，我们接下来要讲的通证也好，它们可以让全社会更有序，让全球资源更好地流转。

世界历史告诉我们,古今中外,任何国家的政府要想拥有力量就必须中心化,比如中国自汉代以来的盐铁专卖。经济方面的考虑非常明显,此外还有一重考虑:人不吃盐会没力气,没有铁则没法打造兵器。同样,宇宙也是中心化的,如果地球不是中心化的地核磁场,人类自然也就不会直立行走。如果银河星系不是中心化的,地球又该何去何从?所以,中心化是宇宙的一大自然规律。

回到自由与平等,它是现代性的核心。所有的市场经济体,包括市场经济的本质,都承认市场主体的平等性,企业是平等的,顾客是平等的,政府也是平等的。政府有监管权,但它有边界。政府主管公平,维护市场环境,但其中市场参与主体自主经营不需要它管理。

当然,责权利是一体的。自由平等的另一面是现代人要纳税。当然,古人依然要纳税,但古人谈不上自由平等,这主要是两个方面的原因,一是社会制度问题,二是技术不允许。在技术以及技术背后的理念普及之前,每个体系,每个公司,都分为有话语权的人和没有话语权的人两类人。话语权的关键词是"权",权力的集中化体现在任何组织中。从奴隶社会到封建社会,再从自由竞争资本主义到垄断资本主义,以及国家垄断资本主义、国家官僚资本主义等经济形式,社会都是中心化的。

区块链对现代理论体系的穿透,是指这种技术以及这种技术背后的理念能从正反两面穿透整个时代,既包括底层建筑,也包括上层理论,比如国与国之间的博弈和竞争,条块分割之间的权力,重商主义和产业优势等。再往深处说,最早发力区块链技术研究的那些技术人员,追求的是绝对的自由和平等。尽管达不到,但是它这种理念是穿透所有人性的,所有人都追求自由与平等,因为只有自由与平等才能保障自己。而现代人在很大程度上还是被视作一种资源被支配,尤其是集团化组织。

可以这么说,世界肯定会更加自由与平等,这种趋势并不是因区块链的诞生而诞生,事实上,区块链只是促进并深化了它,促进这一趋势进行。

2. 信任的机器:生产关系的改造

在本小节中,我们尝试探讨一些马克思主义哲学。

影响巨大的《资本论》一书,它主要关注什么?并不是资本,而是资本与人力结合创造的剩余价值的分配问题。即使有再多资本,但是没有人参与,也是无法创造价值的。从前,人们只关注到了劳动者的剩余价值分配问题,这没错,不过劳动者同时也是消费者。如今,区块链技术可以直接把相应价值还给所有参与者,而不论他是一个消费者还是生产者。这是对生产力关系的时代诠释,也符合《资本论》的意旨。

马克思说:"资本来到世间,从头到脚,每个毛孔都滴着血和肮脏的东西。"这句话大家耳熟能详。其实资本的毛孔里也可以流着道德的血。可话说回来,资本非常容易激发人性中的欲念。当一个人接触过很多资本后,他的思维方式与那些从未接触过资本的人是完全不一样的。有句话叫"贫穷限制了我的想象力",创造这句话的人可能只是为了调侃,但其实它暗藏深层次的道理。哪怕是一个只是曾经拥有过资本的穷人,他的思考方式,他看待金钱的态度,也与从未接触过资本的人完全不同。企业家也好,资本家也罢,抑或是金融家,他们的心理结构与生产车间里的员工是不一样的。普通人的动力各有千秋,但企业家、投资家的动力只有一个,那就是资本。

每一件事情的推动，都有赖于它背后的动力系统。资本思维的诞生与发展，推动了资本主义在过去300年里的飞速发展。从亚当·斯密到大卫·李嘉图，再到马克思，对资本的研究也一脉相承。

在马克思及其之前的时代，经济学的框架就是四个要素，即生产、交换、分配、消费，它自成体系，概莫能外。在那个时代，生产是核心，生产的立足之地则是资本，如土地、矿产、工厂、机器；人依附于资本、机器与生产。生产之后，就是交换，也就是流通。以工业革命时期的英国为例，最初它的核心是生产，只要商品做得好，并不愁卖；但工厂越来越多，烟囱开始林立，生产饱和了以后，就要交换，就要流通，而这需要市场，没有市场就去抢占市场，甚至抢占全球市场，在寻找倾销地的同时，也获取了生产资源。中国无疑是个大市场，所以英国特别关心，按照英国资本家的设想，中国有那么多人，又那么富裕，哪怕100个人当中有一个人购买一顶英国呢绒帽，英国人就发大财了。奈何中国人过惯了男耕女织、自给自足的日子，根本不需要洋货。相反，英国人特别喜欢中国的茶叶、丝绸与瓷器，导致白银大量流入中国。

英国人急于扳回贸易逆差，什么办法都想过了，最后将鸦片引入了中国，人为制造了一种很难断戒的需要。然后就是消费，实际上过去50年的市场理论，都是以消费者为中心的，当前这种趋势更加明显，用一些互联网创业者的话说，就是以用户为中心，即消费中心。然而购买力何在？以房子为代表的各种刚需，已经掏空了消费者。与此同时，又有各种过剩。企业家固然可以开足马力生产，但消费者却没有足够的购买力。问题就出在"分配"上，而且这种现象是全球性的。所以说，整个经济学的核心不是生产，也不是交换和消费，而是分配。

公司制的出现是人类生产关系的重大进步。人类从个体劳作走向群体协作，最早出现的公司是无限公司。但是，从本质上来说，无限公司与合伙根本没什么区别，只是取得了法人地位的合伙组织，有了更加完善的法律治理架构。1673年法国路易十四颁布《商事条例》，将无限公司称为"普通公司"，这也是关于无限公司的第一个立法；1807年法国颁布《法国商法典》，将无限公司改名为"合名公司"。同时，在《日本商法典》中也出现了"合名会社"等词语。无限公司也曾经历过一段时间的发展，但随着股份有限公司和有限责任公司的出现，无限公司便渐渐在人们的视野中消失了。

1555年开始，英国与俄国开展了贸易往来，第一个现代意义上的股份有限公司自此诞生。17世纪，在英国、荷兰等国设立的殖民公司中，出现了股份有限公司，如英国东印度公司和荷兰东印度公司。1807年，在《法国商法典》中，首次明确了"股份有限公司"的名称。如今，在世界公司中，股份有限公司已经占据统治地位。

区块链的出现，解决了资源的分配问题，也必然会改变存续近400多年的股份制公司生产关系。目前，公司的主要生产关系由股东和员工构成；未来通过通证经济的改造，股东与员工的界限必然会消除，只要持有公司或项目通证（Token），就是公司或项目的所有者，就是股东，就能分享所有者权益。

区块链技术，不仅改造了企业，也改变了人类的生产关系，在人类发展史上具有革命性意义。著名作家吴思写过两本书，一本是《血酬定律》，另一本是《潜规则》。这两本书描述的都是传统社会，由于不平等，才有潜规则，甚至血酬。潜规则与血酬有一个临界点，能搞潜规则时，人们会尽量选择这种和平的博弈，一旦到了临界点，暴力的本质就暴露出来。当代社会，人们不需要用暴力打击，通过资本碾压便可以使人倾家荡产、万念俱灰。区块链人讲自由平等，一方面是因为他们通常都是高学历者，对这个世界有更深的认知和更高的要求，他们体会到经济独立才能人格独立。前文我们讲过区块链对现代理论体系的穿透，也讲过现代经济的四大要素，即生产、消费、分配、交换，在这里有必要画出重点，即所谓区块链对现代理论体系的穿透，必须把握分配这个核心，让分配更加合理，不然世界依然是块混沌的铁板。

当前世界存在着全球性的分配不合理，部分国家及地区人民贫富差距日益加剧。在现代公司，一个企业的利润老板要拿到80%，其余所有人加在一起如果能拿20%就算好的。中国的企业没有一家不是现代公司，但不愿意给员工交社保的公司大有人在。很多公司都在讲股权激励，但很多时候它只是一个遥不可及的愿景。当然也有表现出色的，比如华为，任正非只占了1.4%的股份，其余98.6%属于华为各级层员工，战斗力源于此，创造力源于此，凝聚力亦源于此。而一旦区块链思维贯穿社会并且被提上日程，全社会都会因此变得更加公开透明，每个人拿多少再也不是由少数人决定。

区块链不仅会改变未来生产关系，也会渗透至其他社会要素之中。举例来说，过去经商盈利，主打信息差。一块电子表，在广州两元钱成本，运载到内地销售，价格立即翻十倍。因为你不知道它的成本，还以为便宜。同样一款服装，批发价都是100元，有的商贩老实，只卖150元，有的商贩胆大，什么谎话都敢说，国产的硬说是进口货，张嘴就要500元。时间长了，他们又进一步学会了包装和营销，赚的钱更多，后来直接建立了自己的工厂，或者开了连锁店，或者承包了服装城，渐渐地脱离了小贩的阶层。这些人用短短二三十年的时间耗尽了社会的诚信系统，来获得自身的飞黄腾达。

互联网的到来，使得一切都悄无声息地发生着变化。我们只要打开手机，各类产品便一览无余，价格、折扣、成本、优惠一应俱全。所以有人说，诚信时代到来了。而区块链时代，则是人们不得不诚信的时代。

区块链是什么？著名期刊《经济学人》对它的定义就是"信任的机器"。人类社会所有价值交换行为，无一不建立在信任之上。没有信任，我们就无法进行交易。为此我们建立了银行、法律、政府和第三方支付，目的就是搭建起信任的桥梁。但是当第三方也不值得信任，或者虽然值得信任但却必须付出昂贵代价时，我们又该怎么办呢？

区块链应运而生，是为解决信任问题而被发明出来的，并且将信任成本降到了趋近于零的超低程度。至于它如何具体解决信任问题，则是我们在后文中要探讨的内容。

3. 区块链对人类社会的贡献：信任的规模化

首先我们要引入一组概念——熟人社会与陌生人社会。

熟人社会是农业社会的一个根本特征，其主要表现为：一个村子里的人彼此都认识，也对彼此负责。

第一部分　区块链认知革命

前不久，有个组织对全国 67 万余个村名进行爬虫分析，得出全国叫"王家庄"或"王家村"的村子共 1573 个，李家庄 1277 个，刘家庄 1193 个，张家庄 1160 个，杨家庄 926 个，赵家庄 749 个，陈家庄 720 个，李家庄 627 个，另有刘庄 672 个，王庄 652 个……

这些数据表明，这些村子的村民至少是以王姓或刘姓为主的，彼此之间或多或少都有血缘关系，不仅相互扶持很正常，过去还建有祠堂，设有族长。进入现代社会以来，祠堂拆了，族谱毁了，但熟人社会还在，尤其是在中国的南方，这一现象非常普遍。好的一方面在于基层之间的互助，比如同一姓的有钱的家庭，可以帮助家贫的孩子求学，孩子求学以后也会反哺家乡，实现良性循环。坏的一方面则在于熟人社会即是关系社会，或者直接说就是后门社会，有碍社会公允。

社会学家费孝通先生曾说，在中国传统社会人与人之间的关系就像石头丢入水中，在水面会形成一圈一圈波纹，被波纹所推及的就会产生关系。人们通过这种关系互相联系起来，从而构成以人为中心及其血缘关系、地缘关系为纽带的一张张关系网。后来，随着社会发展，在功利性心理的驱动下，人们又将一些非亲属纳入自己的交往范围，从而形成一个"熟人社会"，用现在的话说就是圈子。在子女入学、求职、婚恋，甚至到医院看病时，人们都会想当然地想到找熟人、托关系，因为这样不仅办事顺利，还能减免一些费用。反之，在熟人社会，因为没有关系而寸步难行实在是屡见不鲜。

吴思在《血酬定律》中举过一个例子：主体是旧时湘西的农民，他们要么是一个家族，要么至少是一个村的，彼此关系很好，平时种田互相帮助没有问题，农闲的时候当土匪杀人越货也没问题。这说明了什么呢？熟人社会只是个小圈子，小圈子就只对小圈子负责，什么国家，什么社会，什么组织，什么公德，统统不管。

这显然不利于社会的发展！不过这种情况却是全球性的。翻开西方历史，我们发现在西方乡村，西方人的匪性展现得更加厉害。美国、加拿大、澳大利亚等移民国家是典型的陌生人社会，因为所有人都是从旧大陆迁移过去的，谁也不认识谁，而且三六九等，冒险家、杀人犯、流氓、妓女、清教徒、黑奴、殖民者、印第安人，谁值得信任呢？唯一能够信任的就是胯下马与掌中枪。看现在的美国人，你会看到他们确实有渴望拥抱别人的想法，同时他们又有骨子里的孤立主义，谁都不信任，整个国家的性格也是这样。为什么美国屡屡发生大型枪击案却始终不能禁枪？真正原因就在这里。

反过来看，陌生人社会也有陌生人社会的好处。因为我们说过，没有信任就没法交易，而人活着又不能不交易。怎么办？只能依靠契约与制度。所以，陌生人社会又称为契约社会或法制社会，它是传统社会向现代社会发展的主趋势，是市场化、城市化与全球化的必然结果。

现代中国人最能体会其中的滋味，一方面，我们走进城市，远离乡村与亲情；另一方面，我们享受着一个陌生人社会。当我们走在大街上，是陌生人在保护我们，如警察；陌生人扑灭我们的火灾；陌生人教育我们的孩子；陌生人建筑我们的房子；陌生人用我们的钱投资；陌生人在媒体上告诉我们世界上的新闻；陌生人为我们治病……陌生人社会相对熟人社会是非常大的进步：只要你达成了契约，比如缴纳了社保，身体不舒服时就可以直接到医院，找相应科室的医生，而不需要托人、请客、送红包。当然，目前还存在着这类情况，但这主要是熟人社会根深蒂固且难以革除的流弊，毕竟是几千年形成的习惯。

如果你想了解今天的中国，仅仅待在一线城市是不够的。因为中国的农村依然庞大，农民数量依然庞大。你到村庄、小镇、县城去，实际上还是熟人社会。别说通证，就算是股票这种引入中国大陆几十年的东西，你在农村跟人讲，他们也不会信，他们只相信自己看到的事情，比如隔壁老王干什么赚了钱。

城市人，尤其是城市青年，他们一出生就具备现代性，就潜移默化地接受了主导陌生人社会的契约精神。契约精神的核心是负责，无论对方是熟人还是陌生人，比如中国富士康流水线上的某个工人，可能一辈子也去不到美国，但他必须对自己生产的手机、电脑、鼠标等产品负责，必须对美国、英国、欧盟以及全球的消费者负责。所谓市场经济，无非是对陌生人负责。你对别人负责，别人才能对你负责。你对陌生人负责，陌生人才会对你负责。

当然，诸如你对陌生人负责而陌生人对你不负责的事情比比皆是，所以马云推出了支付宝，一手托两家，区块链人则进一步用智能合约来建立交易标准。不管你是熟人还是陌生人，到了链上都是陌生人，因为链上只认合约。反过来讲，不管你是熟人还是陌生人，到了链上又都是熟人，因为大家是有着共同理念并且必须遵守相应共识的一群人。你可以不认同，但前提是你别上链，上链就要遵守规则，不遵守规则就会被踢出。想想看，如果把这套机制复制到整个社会公共体系中，你还用担心被走后门、被潜规则、被悲剧吗？

区块链对人类做出的最大贡献是什么？

答案就是，带来了"信任的机器"，实现了信任的规模化。具体来说就是，在区块链上，信任体系得到运营，区块链技术给予赋能，使得多个组织的信任被区块链技术切割，成为社群，共识机制成了整个社群的自治规则。

三、区块链的发展趋势

1. 世界各国对区块链技术的支持

首先,可以将区块链资产分为两类:一类是区块链技术资产,就是单纯的区块链技术;另一类是区块链代币资产,即区块链技术下为了衡量、计价、分配及流通而发行的代币数字资产。

(1)区块链技术资产

区块链技术是一种融合分布式数据存储、点对点传输、共识机制、加密算法等信息技术的新型应用模式。共识机制就是在区块链系统中,不同节点之间建立信任、获取权益的数学算法。目前,可以运用到多个领域,只要突破了技术难题,就会对整个虚拟社会产生重大影响,包括金融、监管、保险、共享经济、互联网等领域。

目前,各国家都开始重视区块链技术,多数已经建立了自己的区块链研究院。有些国家还将区块链上升到国家战略的高度……区块链对当今世界的影响力由此可见一斑。

(2)区块链代币资产

在区块链技术中,应用最完美、最早的便是比特币,其诞生促使区块链技术从技术小群体走到了大众面前。随着比特币价格的火爆上升,区块链技术的热度也不断上升。如今,从国家领导到商业领袖,从区块链技术开发者到普通投资者,都在谈论区块链技术及数字货币投资。可见,区块链技术已经慢慢走入了我们的生活。

同时，区块链技术下的各种代币火速出现和发展，让一部分人先富起来这一观念，受到了投资市场的大力追捧。只不过，由于监管难度比较大，投资风险比较大，为了限制比特币的疯狂上涨，各国只能相继出台各种政策。

下面是各主要国家对区块链资产加密数字货币的态度和措施：

中国：央行研究用发行的数字货币来替代纸币。

加拿大：政府系统采用了高效透明的区块链技术。

马来西亚：成立区块链特别研究中心，让大众来决定加密货币的命运。

美国：为了成为加密货币的摇篮，国会区块链核心小组呼吁要进一步立法。

新加坡：全面开放区块链证券金融创新监管政策，开放程度远超亚洲其他国家。

俄罗斯：总统普京看好区块链技术，俄罗斯要在这方面保持领先地位，并全面推行合法化。

日本：区块链技术的落地应用最活跃，目前政府已经建立了区块链协会与区块链合作联盟。

韩国：政府开始征收数字货币税，短时间内虚拟货币交易平台依然会持续经营，甚至会进一步合法化。

区块链技术有着明显的技术优越性，一路走来，引发了人们的热议。从最初出现开始，比特币就遇到了力捧和碾压两股力量，承受着赞美与谴责两种声音。难怪摩通大根首席执行官说："比特币比荷兰郁金香泡沫还恶劣，不会产生好结果，甚至还会让人丢掉性命。"

2018年1月3日，普京政府表示，为了躲避美国制裁，打算创建自己的比特币。

2018年1月10日，日本推出首个加密货币基金，价值超3亿日元。

2018年1月14日，高盛集团表示，比特币是一种新黄金，是法定货币向数字货币的自然发展结果。

2018年1月16日，韩国银行放弃加密货币禁令。

2018年1月18日，美国政坛元老罗恩·保罗表示，比特币究竟是不是货币？选择权在民众。

2018年1月19日，芝加哥期权交易所推出的首只比特币期货期满交割，结算价格为11055美元。

2018年1月20日，美国联邦存款保险公司前主席重申：不能禁止比特币，需要监管。

2018年1月24日，葡萄牙商业银行不再封锁比特币交易。

2018年1月25日，加拿大比特币交易所Canadian Bitcoin遭匪徒持枪抢劫。

2018年1月26日，英国首相特蕾莎·梅表示，要认真研究比特币。

2018年1月31日，网络安全的先驱人物约翰·迈克菲表示，比特币不是骗局，美元才是。

2018年11月5日，中国区块链领域发生了一件重要事件，如果将来出现《区块链史》，此事件定然会被载入史册。在一起判例中，中国法院表示："比特币是私有财产，受法律保护。"虽然中国法院不同于中国证监会，但至少已经开始承认比特币，这完全不同于过去的全面否定。

这些现象也说明，区块链技术和区块链投资已经成为全球热点，成为国家、组织、企业、个人等不可回避的问题和机遇。

2. 世界各国对区块链监管政策的分析

（1）俄罗斯

2014年，俄罗斯政府发出禁令，禁止比特币在国内的一切活动，继而引发了比特币等虚拟货币的疯狂暴跌。

2017年，普京与以太坊创始人Vitalik Buterin会面，转变了对区块链的态度；同年8月，俄罗斯国家开发银行与以太坊基金会达成战略合作关系。

2017年4月，俄罗斯财政部副部长表示，2018年将"加密数字货币"纳入合法范畴。

2017年10月，俄罗斯政府开始筹划国家法定数字货币。

2018年1月底，俄罗斯财政部完成《数字金融资产法》初稿，对加密货币和初始代币发行（ICO)进行监管。

2018年2月，普京与俄罗斯联邦储蓄银行总裁Herman Gref进行讨论。普京提到了俄罗斯监管机构和当地银行采用区块链技术的必要性。业界人士猜测，或许只有受到来自委内瑞拉的石油币的启发，普京才愿意放开手脚，明确对区块链技术表示支持。

总之，对于区块链技术，俄罗斯还处于探索期。随着普京对区块链技术以及虚拟货币态度的转变，在不久的将来，虚拟货币交易和持有也将在俄罗斯合法化。

（2）中国

自改革开放以来，中国社会一直都在稳步发展，国家实力和国际影响力也在逐年增强，对于技术创新一直都坚持着开放包容的态度。所以，区块链技术受到了人们的积极拥护。

对于区块链技术，政府与企业表现出了浓厚的兴趣，并主动支持区块链技术的发展。中国经济发展的核心是稳定，对数字货币的态度一直都比较克制和理性。中国央行表示，比特币不是由国家发行的，没有法偿性与强制性等货币属性，不是真正意义上的货币，不能当作货币在市场上流通，并曾多次提醒投资者注意数字货币的风险。

2015年12月，成立了区块链研究联盟、区块链应用研究中心。

2016年1月，成立了中国区块链研究联盟；2月，中国央行行长周小川表示，数字货币必须由央行来发行；同时，中关村成立区块链产业联盟；4月，中国分布式总账基础协议联盟（China Ledger）成立，表达了中国在推动区块链技术发展方面的决心；12月，国家将区块链列入了"十三五国家信息化规划"；10月，工信部发布了《2016中国区块链技术和应用发展白皮书》。

2017年6月，广东省佛山市禅城区推出了"智信城市"计划，成为全国第一个探索区块链政务应用的县区；中国众安科技公司计划推出基于区块链技术的生产系统，将区块链技术应用到整个食品供应链。

随着区块链技术的不断发展，在进行项目融资的过程中，一些团队开始采用新型的融资方式发放虚拟货币，称为ICO。截至2017年上半年，中国ICO市场已经初具规模，募资26亿元人民币。同时，ICO活动由于缺少政府监管，催生了一些良莠不齐的项目，存在很多隐患，比如，发行方缺少规范、投资者缺乏管理、投资者非理性行为引发市场泡沫、不法之徒借机诈骗洗钱等。

2017年9月，中国人民银行联合七部委发布的《关于防范代币发行融资风险的公告》指出，从本质上来说，代币发行融资是一种未经批准的非法公开融资行为，各类代币发行融资活动需要立刻停止；ICO是一种未经批准的非法公开融资行为，涉嫌非法发售代币票券、非法发行证券、非法集资金融诈骗传销等违法行为；相关虚拟货币交易所应停止法币与虚拟币的兑换业务。

2018年8月24日，银保监会、中央网信办、公安部、人民银行和市场监管总局发布了《关于防范以"虚拟货币""区块链"为名义进行风险集资的非法提示》，该提示指出，为了吸收资金，近期一些不法分子打着"金融创新""区块链"等旗号，发行了所谓的"虚拟货币""虚拟资产""数字资产"等代币，侵害了公众合法权益。

可是，监管政策针对ICO融资模式的叫停，并不是对区块链初创企业融资应用的否定，也不是对区块链及数字货币等金融科技的否定。监管政策的颁布，凸显了国家对安全和稳定的重视，为了强化人民银行宏观审慎管理和系统性风险防范的职责，国务院甚至还设立了金融稳定发展委员会。

中国的监管机构，及时预见风险、处置风险，叫停了比特币和ICO代币的集中交易，降低了数字资产市场风险，维护了国家金融的稳定和安全；同时，监管者也明确表示，目前的一些监管措施并不是否定数字货币的科技创新，也不是否定区块链技术，而是对已经引发的金融乱象进行治理，对可能出现的金融风险进行防范。

在2018年两会期间，很多代表都提到了科技创新，提到了区块链技术。只要不断发展区块链技术，只要不断出台更完善的监管政策，不给不法分子可乘之机，区块链资产就能真正成为中国投资者的新型投资渠道和方向。只要投资者获得多方资金支持，只要将相关领域的资源整合到一起，区块链技术就能更多更快地被应用到各行各业中，实现价值的传输。目前，中国政府对区块链的监管，主要体现在以下四个方面：

第一，中国人在中国进行ICO或在中国开设数字资产交易所是违规的，因为中国还没有进行专门立法。

第二，中国人可以投资数字货币等虚拟加密货币或挖矿。

第三，大力发展区块链技术应用，鼓励区块链技术与实体经济结合。为了吸引更多行业人才，推进区块链技术应用落地，目前上海、杭州、深圳、重庆、西安、武汉等城市都出台了相关的区块链技术奖励政策。

第四，中国允许生产、制造、销售虚拟数字货币的设备。目前，以比特大陆为首的数字货币矿机生产商家即将申请在香港联交所挂牌上市。

（3）新加坡

2014年3月13日，新加坡货币管理局（下称"MAS"）发表了声明《新加坡货币管理局（MAS）为降低洗钱和恐怖融资风险监管虚拟货币中介机构》，其中表示：MAS不会对虚拟货币本身进行监管，但要求买卖或进行虚拟货币同真实货币交易的中介机构辨别客户性质，将可疑交易报告上交可疑交易报告办公室。

2017年8月1日，MAS发布《新加坡货币管理局澄清在新加坡提供数字代币的监管立场》，表示：如果数字代币构成《证券及期货条例》第289章规定的产品，数字代币在新加坡的发行，将受到MAS的监管。此外，为代币二级市场交易提供服务的平台，需要经过 MAS 认可或批准。

同年 10 月 2 日，MAS 发布了《答复议会在新加坡使用加密货币的有关问题及监管加密货币和 ICO 的措施》，表示：如果虚拟货币超越了支付手段，演变为"第二代"代币，类似于股票或债券凭证，出售该"第二代"代币来筹集资金的 ICO 项目，就要受到 MAS 监管。虽然目前 MAS 还没有专门为 ICO 发布新的立法，但 MAS 会对这类 ICO 项目的发展情况进行监察，如果有需要，再进行针对性的立法。

（4）美国

美国是全球最大的经济体，是科技创新最发达的国家，也是积极支持区块链技术发展的国家之一。

2014 年 6 月，为了保障加州比特币以及其他数字货币交易的合法化，美国加利福尼亚州州长签署了一项编号为 AB129 的法律。

2016 年 6 月，美国国土安全部对 6 家致力于政府去管理应用的开发公司进行补贴。

2015 年至 2017 年，Circle 公司在波士顿、Ripple 在旧金山、Coinbase 在纽约州分别获得数字货币许可证——BitLicense。随着特朗普的上台，美国经济政策逐渐倾向保守主义和经济保护主义；美国对数字货币交易逐渐持谨慎甚至抵制的态度。

2017 年，美国商品期货委员会（CFTC）将比特币定性为大宗商品；同年 2 月，美国亚利桑那州通过区块链签名和智能合约的合法性法案，成立国会区块链决策委员会；美国医疗保健部门（ONC）将区块链技术应用到医疗保健领域中；国会承认区块链的潜力，呼吁推动区块链技术在公共部门的应用，鼓励投资比特币并进行严格监管；25 日，美国 SEC 发布《投资者公告：首次代币发行》表示，根据各 ICO 的实际情况，发行或出售的虚拟货币或代币如果是证券，反之就要受到联邦证券法的管辖。

2018 年 3 月，数字资产（数字货币）如 BTC、ETH、LTC、BCH 被定义为电子货币而非证券，并表示 Coinbase 目前并没有交易 ICO 资产的资格。6 月初，美国众议院金融服务委员会举办了题为"虚拟货币：金融创新和国家安全意图"的听证会；7 月 18 日，美国众议院农业委员会举行了题为"加密货币：数字时代对新资产的监督"的听证会；随后，美国众议院金融服务委员会再次举办了题为"货币的未来：数字货币"的听证会。

目前，很多项目的白名单申请和投资者认证要求，都明确表示不接受美国公民投资。主要原因是，为了保护投资者利益，项目融资需要通过美国证券交易委员会的 SEC 认证，之后才能进行融资。

总之，美国对数字货币交易依然非常谨慎，虽然有些交易所已经拿到了交易许可，但是近期政府连续拒绝了多家数字货币公司的注册申请。在硅谷，每天都会出现新的项目团队。因此，目前美国依然是区块链技术的前沿阵地。美国对于技术创新本身一直都保持着积极的态度。

（5）加拿大

2017 年 8 月 24 日，加拿大证券管理委员会（CSA）发布了《工作人员通知 46-307——加密货币发行》，表示：每个 ICO/ITO 项目都是独特的，需要根据自身特点来评估是否构成证券，CSA 同样使用豪威测试(Howey Test) 进行评估。只要符合有价证券定义，发行企业就会按照招股说明书要求或取得豁免。同时，完成 ICO/ITO 的企业能以商业目的进行证券交易，但需要获得经销商登记或豁免经销商登记。

2018 年 8 月 31 日，加拿大政府推迟发布对加密货币和区块链公司的监管规定，原定的监管法规在同年秋季发布。但至少要到2019年年底，才会在加拿大政府公报上公布此项监管法规。

（6）中国香港

2017年9月5日，香港证券及期货事务监察委员会（下称"香港证监会"）发布了《有关首次代币发行的声明》，旨在阐明个别ICO的事实及情况，所发售或销售的数字代币如果属于《证券及期货条例》中界定的"证券"，那么便受到香港证券法例的管辖。在ICO中发售的数字代币，如果代表一家公司的股权或所有权权益，就可能被看作"股份"；如果数字代币的用途是订立或确认由发行者借取的债务，便有可能被视为"债权凭证"；假如发售代币所得的收益由ICO项目运营方做集体管理并投资于不同项目，借此让代币持有者参与分享有关项目的回报，数字代币便可能被视为"集体投资计划"的权益。无论是股份、债权凭证，还是集体投资计划的权益，都被当作"证券"。

2018年2月6日，为了推动虚拟银行在香港的设立，香港金融管理局（金管局）发布《虚拟银行的认可》指引修订本。在该指引中，虚拟银行被定义为"通过互联网或其他形式的电子渠道而非实体分行提供零售银行服务的银行"。银行、金融机构及科技公司都能申请在香港持有和经营虚拟银行。

2018年11月1日，香港证监会发布了《有关针对虚拟资产投资组合的管理公司、基金分销商及交易平台营运者的监管框架的声明》，以及两则通函（《致中介人的通函：有关针对虚拟资产投资组合的管理公司、基金分销商及交易平台营运者的监管框架的声明》和《致中介人的通函：分销虚拟资产基金》），传达了监管态度与监管方针。

总之，香港是中国实行"一国两制"的特别行政区，有相对独立的监管体系，这也是世界金融中心的独特优势。历史再次将香港作为整个大陆区块链监管及应用的实验区，使其成为大陆地区区块链行业发展的聚集地。

（7）菲律宾/泰国地区

2018年2月9日，菲律宾证券监督管理委员会（SEC）发布《SEC建议》，表示：根据个案的事实和环境，如果代币符合《证券法规》第3.1条定义的证券性质，就要受到SEC的监管。

菲律宾政府的经济区权力机构努力起草加密货币监管法规，将运营许可证数量限制在25以内。其他规则还包括，各加密货币交易所在两年内至少投资100万美元。

菲律宾卡加延经济区管理局（CEZA）正在"制定保护加密货币投资者的规则"。

泰国金融市场监管机构表示，管理当地ICO新规定于2018年7月16日生效。

泰国证券交易委员会（SEC）表示，根据新的监管框架，任何发行ICO的实体都要先向监管机构提交申请。但是，SEC不会直接审查个别ICO项目的申请，而是先对所谓的"ICO门户网站"提交的申请进行评估，ICO门户网站申请人必须在泰国注册，最低注册资本为500万泰铢或15万美元。

（8）澳大利亚

2017年10月4日，澳大利亚证券投资委员会(下称"ASIC")发布了指导意见——《首次代币发行》，表示在澳大利亚ICO的法律地位取决于

ICO的具体情况，例如，ICO是如何构建和运营的、通过ICO发行的代币有哪些权利？

在该文中，ASIC详细阐述了ICO能够成为管理投资计划发行、公司股份发行或衍生品发行的具体条件；同时，还阐述了相应的监管规范。如果代币的价值与ICO计划的管理有关系，ASIC就可以认为ICO发行者提供的是一个有管理的投资计划(MIS)；当ICO被用来为公司提供资金，或为一个看起来像公司的事业提供资金时，由ICO发行的代币所附带的权利就可能会被定义为股份；如果ICO的代币的定价基于的一些因素，比如，金融产品、市场价格、资产价格在某个时间发生改变，致使付款请求附加为代币权利或义务的一部分，ICO就可能成为衍生品。

（9）英国

2016年1月19日，英国政府发布了长达88页的《分布式账本技术：超越区块链》白皮书，对区块链技术的潜力进行了有效评估，用于降低金融欺诈和降低成本。

2018年4月6日，英国金融市场行为监管局（FCA）发布了《对于公司发行加密代币衍生品要求经授权的声明》，表示：如果要想实现ICO发行的加密代币或其他代币的衍生品为提供买卖、安排交易、推荐或其他服务达到相关的监管活动标准，就要获得FCA授权，主要包括：加密代币期货，双方同意在将来某个时期以商定的价格进行交易；加密代币差价合同(CFD)，是一种现金结算的衍生品合同，双方同意在其开始时和终止时交换CFD价值的差价，保证利润，减少损失；加密代币期权，赋予受益者获取或处置加密代币的权利。

2018年7月3日，英国金融行为管理局（FCA）宣布了最新进入全球金融技术监管沙箱的 29 个项目；之后，英国金融稳定委员会发布了监测加密资产的新框架。目前，英国在区块链的应用已经走到世界前列，比如银行的监管、支付结算等，都已经有了相对完善的落地项目。

（10）瑞士

2017 年 9 月 29 日，瑞士金融市场监督管理局（FINMA）发布了《首次代币发行的监管处理》，表示：ICO 只要涉及以下几个方面，就应该受到相关法律的监管：

《银行法》规定：吸收公众存款并对公众有还款义务的 ICO 运营商，其 ICO 项目需要银行业牌照。

《证券交易法》规定：发行的代币符合证券定义，以证券交易商身份运营，并对牌照提出了要求。

《集体投资计划立法》规定：作为 ICO 的一部分，收集的资产如果由外部管理，与集体投资计划有关的立法就可能存在潜在关系。

2018 年 2 月 16 日，FINMA 发布《ICO 指导方针》，补充了早先发布的《首次代币发行的监管处理》，表示：是否受监管，要根据个案的具体情况进行判断。在评估 ICO 时，FINMA 集中讨论了由 ICO 组织者发行的代币的经济功能和目的。同时表示，ICO 接受反洗钱的监管。

（11）丹麦

2017 年 11 月 13 日，丹麦金融监管局（FSA）发表了《关于 ICO 的声明》，表示只有单纯作为支付手段的加密货币不受丹麦金融立法的监管。只要与 ICO 相关的活动属于金融监管范围，涉及 ICO 和加密货币的企业就要慎重考虑相关法规，例如招股说明书指令、另类投资基金管理公司指令、第四项反洗钱指令和其他可能相关的法律。

（12）法国

2017年12月11日，法国政府表示：允许采用区块链技术进行交易特定传统证券；修改后的证券法定于2018年生效；机构可以通过区块链发行特定证券，比如，基金股份或私有公司股份，在某些情况下不必通过被要求使用的传统中介来发行。

不过，法国政府排除了规模最大的资产类别，比如：上市公司的股份，应欧盟要求，涉及这类证券的交易，必须通过中央结算所来结算。

（13）德国

2018年3月28日，德国联邦金融监督管理局（BaFin）发布了《咨询函》，表示：在个案基础上，BaFin决定代币是否构成德国证券交易法或金融工具市场指引下的金融工具。该《咨询函》定义了构成金融工具和证券需符合的特征，并列出了相关的授权要求。代币被认为证券必须满足以下几个条件：可以转让；能在金融市场或资本市场进行流通；原则上，在证券定义范围内，加密货币的交易平台可以被看作是金融市场或资本市场；代币是权利的化身，即股东权利或债权，或与股东权利或债权类似的请求权，这些权利必须包括在代币中；代币不能满足支付工具的标准。

如果代币满足了WpHG或MiFID II定义下的金融工具标准，或满足了WpPG定义下的证券标准，证券监管领域的法律规则就适用于市场参与者，甚至还可能引入WpHG、WpPG、MAR、金融工具监管市场法(MiFIR)、VermAnIG以及其他相关法律。如果代币满足投资基金份额标准，就可以使用KAGB。

在德国，电子货币的法律概念只适用于最终源于真实货币的金融工具,比特币仅被定义为一种商品。这种做法类似于把比特币捐赠当作实物捐赠,如捐赠食品和物资。目前,德国的比特币政策相对明朗,比特币交易平台 bitcoin.de 也已经与 Fidor 银行展开了合作。

(14)奥地利

奥地利金融市场管理局(FMA)发表了指导方针《首次代币发行》,阐述了 ICO 受监管的几种情况:

如果资金不是通过使用虚拟货币进行筹集,而是使用法定货币筹集的,同时 ICO 规定募集的资金按照 ICO 组织者的自由裁量权投资,那么投资者有要求偿还投资的相应请求权,并受《奥地利银行法》的监管。

将与代币有关的权利与各种证券权利相比,有强烈迹象表明属于同一类权利,特别是投票权的给予、利润分配权、可交易性、利息支付的承诺及在某一特定时期结束时偿还收到资金的权利,上述权利均要接受《2007年证券监管法》的监管。

如果代币授予各持有者对 ICO 组织者享有某种财产权利,比如:索赔权、会员权、附条件权,这些代币就可能被归类为投资,落入奥地利资本市场法的监管范围。如果从投资者那里筹集资金,按照确定的投资策略进行投资收益,即利润,被传递给代币持有者,大部分的资金都存在另类投资基金中,就要受到《另类投资基金管理人法》的约束。

2018年6月29日,(FMA)提出,加强对加密货币和 ICO 监管;同时,提出加密货币分销商应有特许权义务,这些加密货币在未来会被当作证券。

(15)马耳他

2018年1月,马耳他金融服务管理局(MFSA)发布了一系列针对 ICO

的友好政策，成为全球首个区块链及数字货币立法者。

2018年9月12日，马耳他的三项区块链法已得到国家议会的一致批准，同年11月1日生效。截至2018年11月1日，潜在的许可证持有者和发行者根据新的"虚拟金融资产法"开始正式运营。在此之前，VFA服务提供商（包括加密货币交易所以及ICO发行者）可以以不受管制的方式提供服务，不构成违法行为。

三项法案包括：

《马耳他数字创新权力法案》（MDIA法案）：侧重于创新技术组织计划。

《创新技术安排和服务法案》（TAS法案）：为平台运营商提供政府认证。

《虚拟金融资产法案》（VC法案）：制定了ICO以及数字货币相关服务的监管制度，内容涉及加密货币交易所、钱包提供商、数字资产管理者以及投资顾问。

（16）直布罗陀地区

2017年12月15日，直布罗陀金融服务委员会（GFSC）发布了《分布式账簿技术指引》，表示：从2018年1月1日开始，所有使用分布式账簿技术进行价值储存和转移的企业都要获得GFSC的授权、取得牌照。

2018年1月2日，GFSC发布了《分布式账簿技术监管架构》，表示：分布式账簿技术监管架构从2018年1月1日开始生效，要想使用分布式账簿技术进行价值储存和转移，企业就要获得牌照。牌照申请有3个月的评估期，在申请前，相关企业可以向GFSC的风险与创新团队征求商业模式、服务类型等方面的建议，GFSC的风险与创新团队主导申请的评估。

如此，GFSC也就成了第一个引入DLT监管框架的监管机构。

（17）迪拜

迪拜全球区块链委员会（GBC)成立于2016年5月，目前拥有30多个成员，包括政府实体、国际公司以及区块链创业公司，并计划在2020年之前全面启动区块链应用，使之成为世界首个区块链全面应用的国家，进而成为区块链和物联网应用领域的世界领袖。

2017年6月，迪拜政府与英国区块链初创公司ObjectTech签署协议，为迪拜国际机场入境处打造数字护照。

2018年5月，为了提高迪拜开展业务的便利性，帮助迪拜吸引外资，迪拜推出"区块链商业登记处"。

（18）日本

2016年5月25日，日本国会通过了《资金结算法》修正案(2017年4月1日正式实施)，正式承认虚拟货币为合法支付手段，并将其纳入法律规制体系，成为第一个为虚拟货币交易所提供法律保障的国家。

2017年4月，日本经济产业省发布了日本区块链标准的具体评估方法。评估过程由经济产业省信息政策局的信息经济司制定。

日本区块链相关政策出台比较频繁，2017年至今，已经出台了7个相关政策。日本将比特币交易合法化，已经成为全球比特币交易中心。

为了大力发展数字货币，日本监管机构与交易所出台政策。据悉，日本金融监管人员正在考虑将比特币等虚拟货币视为与现金等价的货币，以此来强化消费者保护机制，铺设一条虚拟经济增长的发展道路。

在日本，虽然比特币依然被视为物品，无法受到与其他同类产品相同的待遇，可是按照现在的发展速度，日本在未来很可能会视比特币为现金。

（19）韩国

2016年2月，韩国央行在报告中提出：鼓励探索区块链技术。

2017年，韩国政府表态：接纳并引进区块链技术。韩国证券期货交易所（KRX）运用区块链技术，已经启动建立场外交易平台的初期计划。7月，韩国《比特币监管法案》面世，设置了5亿韩元的投资者准入门槛。韩国拒绝承认比特币的合法地位，认为比特币不是真正的投资，同时，不会对比特币征收资本所得税，否则会增加虚拟货币的合法性。9月，韩国金融服务委员会（FSC）宣布将采用办法对数字货币，如比特币、以太币进行监管。韩国将加大监管力度，调查洗钱、非法融资和其他数字货币非法交易。

2018年1月，韩国互联网与安全局开始全力构建区块链生态系统，并计划从4月开始在物流、能源等核心产业内开展试点项目，并把此技术当作第四次工业革命。

韩国政府解除了对ICO的全面禁令，继续将《加密货币法规》正式化，并计划将济州岛打造成区块链经济特区。

（20）印度

2017年1月，印度央行发布了一份全面的区块链白皮书，认为区块链对于发展印度数字货币的时机已经成熟。6月，印度政府委员会宣布支持监管比特币成立专门的任务组，创建监管框架，计划短期内完成比特币的全面合法化。印度相关机构称，虚拟货币给监管、法律以及运营风险带来了全新的挑战。印度政府部门此前表示，会持续关注数字货币的发展，目前不会进入监管。

……

第一部分　区块链认知革命

从全球范围来看，各国政府对于区块链、区块链资产的态度不一，但整体还处于探索阶段。虽然多数国家对于区块链技术都在观望，但区块链在金融投资领域的乱象并不能掩盖其在技术上的优越性，越来越多的国家开始重视区块链技术。

区块链具有数据不可篡改、系统集体维护、信息公开透明等优势。如果砍掉服务器，并将信任授权的成本和交易风险降低到零，区块链就能为互联网、金融、财政、社会公共服务等诸多领域带来无限可能。

未来，随着应用场景的日益丰富，将推动区块链技术不断完善。从这些国家的政策也可以看到，对于区块链技术本身，各国政府的态度都是包容甚至支持的。但对于区块链资产在金融领域的过度狂热，各国政府也制定了不同的策略。

有的国家比较保守和谨慎，这有利于保障安全和稳定，但也会矫枉过正，限制技术本身的应用空间。

有的国家政策更为开放灵活，便于金融市场消化和理解其存在的意义，为涉足区块链行业的公司提供了充足的创新空间。

另外，区块链的核心是去中心化，这将对社会长久形成的中心管理模式造成冲击。除了法律，如何建立能够促进区块链技术应用的监管环境，让技术造福社会而不用于作恶，也是亟须解决的问题。

区块链因比特币的诞生而为人们所关注！在很多人眼中，比特币是违法的、是一个骗局、是互联网金融又一个现象级泡沫，但就是这样一个被众人误解的新事物，仅用了短短几年的时间，就引发了全球狂欢，激起了让人瞠目结舌的又一个浪潮。不仅散发出巨大的财富气息，这一隐秘而庞大的区块链王国，还催生出多个数字货币，各种新型权利也不断涌现。法律法规对新型权利的认可难免滞后，应对区块链资产的合法性问题应做出谨慎判断。

综上可以看出，世界各国对区块链资产态度大致分为三种：日本、德国、澳大利亚等国，不仅完全支持区块链技术本身，还给予了区块链资产、比特币等相对开放的政策空间，推动了其蓬勃发展；中国、美国、俄罗斯等国大力支持区块链技术的发展创新，但对虚拟货币的金融属性持谨慎态度；泰国、韩国等国持抵制态度。

可喜的是，对于区块链技术，世界大部分国家都表示认可，并积极促进其发展。区块链技术是继互联网技术之后又一个对世界产生颠覆性变革的技术，它不但能改变应用场景，还会深刻地改变整个社会的信任机制，真正改变世界！

四、区块链技术与区块链思维

1. 区块链五大思维

区块链是一种技术,能够解决互联网时代某些痛点问题;它同样是一种思维,在不久的将来,区块链还能成为整个人类社会的基础设施。

犹如互联网从技术到工具,到互联网思维,再到基础设施的演变一样……我们要想真正了解区块链,就要具备区块链思维。那么,什么是区块链思维?

(1) 去中心化思维

我们生活在一个中心的世界。地球围着太阳转,月亮围着地球转,这是自然而然的中心化;官员围着国王转,员工围着老板转,这是社会使然的中心化……放眼望去,中心化随处可见,壁垒森严。

但与此同时,这个世界也不乏去中心化的一面,比如迁徙中的鸟儿,洄游中的鱼儿,一些只靠基因和本能生存的昆虫等。只是在人类社会中,几乎所有的机制,都是中心化的。中心化肯定有其优势,因为在一定程度上正是它让个体力量并不太强大的人类从动物世界中脱颖而出。但中心化的弊端也同样明显,当人类不再迫切需要依赖中心化的时候,中心化反而会让人觉得压抑。

中心化与去中心化是这个世界的两面,如同张首晟教授提出的量子平行世界理论一样,中心化与去中心化在这个世界上是同步运行的。在某些方面我们确实有必要去中心化,而且去得越彻底越好。然而在另一些方面,我们反倒急切地需要一个中心。中心化和去中心化并不矛盾,相反,它们在很多时候是和谐统一的,就像虚拟经济和实体经济同时服务于我们的生活一样。

(2)共识思维

共识是区块链世界的核心词汇。在分布式网络中,只有各节点遵从一定的共识机制,区块链才能顺畅运行。如果说通证是区块链的灵魂,共识机制就是区块链的经脉。区块链上没有任何的威权组织可以趾高气扬、颐指气使,没有任何的中心可以指挥调度,大家都仅仅遵从共识。

在现实世界,我们也经常听到这个词,没有人敢质疑它的重要性,但我们往往缺乏的恰恰就是共识。红灯停、绿灯行是一种共识;违反交规要扣分是一种共识;但闯红灯的行人与车辆每天难以计数,对于"收驾照分"和"铲分"等行径,人们也早已屡见不鲜。引入区块链技术能否杜绝类似行径还需要进一步验证,还需要具备相应的思维,达到"社群即节点、行为即挖矿、共识即规则"。思维不改,永远都是上有政策,下有对策,无法从根本解决问题。

(3)技术思维

区块链本身就是由技术极客们打造出来的,前期也只有真正的码农才能理解并且认可备受质疑的区块链。在他们眼里,代码就是法律,算力就是权力,区块链的出现不仅增强了代码的健壮性,也催生了一系列相关技术,这些技术意味着什么,最开始只有他们自己知道。在技术人员的脑海中,世界是一个自由王国,是一个乌托邦,但是现实总归是现实,任何人都不能欺骗自己,最终还要回归到现实的理性世界,技术只为推动社会进步提供服务,技术创新才能解决社会痛点。

(4)加密思维

传统的互联网存在一个无法回避的问题,那就是所有用户产生的数据都是直接存储在公司后台,相应数据不是被公司利用,就是被黑客窃取,用户权益无法保障。这个没有隐私的互联网,在引入区块链技术后将大大改观,区块链上的所有区块数据都将被加密,只有用户才可以解密,用户是数据的拥有者;只有申请并支付通证,相关方才能得到用户的授权。

在去中心化的区块链世界中,如果用户忘记了私钥,就无法打开自己的存储区块数据,所以,用户必须妥善保管自己的密钥。区块链的"不可能三角"理论即"三元悖论"告诉我们,在同一个平行世界中,不可能同时满足安全、去中心化和效率这三个条件。

(5)实质思维

区块链特质是防篡改的、可追溯的,这主要是由区块链技术特性所决定的。区块链技术将数据打包成区块,并按一定的时间顺序依次排序,前后区块之间相互咬合,如果想篡改数据,就要从最后一个区块一直修改到第一个区块,需要花费巨大的成本和时间,人们自然也就不会轻易篡改区块数据了……

所谓实质思维,从哲学角度看就是"此物是此物"。要尊重客观事实,无论正确或错误,都要将事实实事求是地记录在区块链上。正品是正品的价格,仿品有仿品的价格,要让消费者根据自己的需求来购买不同的商品;同时,为了建立社会诚信体系,还要做好知识产权保护。

2. 从区块链技术到哲学

把区块链技术与哲学放在一起并不违和,因为哲学的研究对象上至天文,下至地理,从看得到的到看不到的,从想得到的到想不到的。众所周知,哲学研究的最高问题是:我是谁?我从哪里来?要到哪里去?

区块链是一种技术,表面上看只属于科学的范畴,但实际上,科学与哲学是浑然一体的,正是由于种种基于哲学上的思考,才有了科学的萌芽与茁壮成长。著名的万有引力定律,就源自"苹果为何落地"这个看似简单却引发了牛顿深思的哲学问题。而区块链技术所解决的问题正好是哲学研究中所要寻求的答案,创世区块开启了区块链新纪元,区块链可追溯特性证明了"此物是此物",解答了"我从哪里来"的问题。同时,区块链的分布式系统、P2P网络、可拓展等特性又巧妙地告诉人们"我要到哪里去"。另外,通证激励机制的设计又充分体现了哲学当中博弈论的思想。

哲学是迷人的,哲学再进一步就是宗教信仰。去过藏地的朋友们都了解,信仰藏传佛教的人会磕长头,动辄几百上千里,如果你不是一个有信仰并且懂得尊重别人信仰的人,你很难理解磕长头之类的行为。以此类推,比特币为什么是数字黄金?因为比特币已经成为区块链从业者的信仰,比特币已经得到全球多数国家的认可,大家已经形成一种共识、一种类似宗教的信仰!

哲学家与世人最喜欢讨论的两个关键词是什么?是"善"与"恶"。如何扬善去恶,这不是哲学自己能解决的问题。即使再加上法律也不行的,还要加上科学。而科学的萌芽又离不开哲学,比如区块链,它的设计哲学就是让计算驱逐算计。很多东西,我们可以计算,唯独别人的算计很难计算准确。

所谓人心难测,别人的心思算不准,自己的心也很难算,因为我们总是身不由己地算计这个世界,利令智昏,只要给机会,人性的考验马上来临。人性总是趋利避害，除非你能让人从根本上意识到，算计别人不仅白费力气，而且成本巨大，而且对方能毫发无损。比如在区块链上，不是没有别有用心者，但人们都懂得与其发起攻击，消耗更多的精力、时间或金钱，不如老老实实，遵守游戏规则，维护共识。

区块链的产生与发展是对历史文明中人类认知的颠覆。很庆幸能遇到千年难得一遇的机会！过去20年，互联网时代给人类带来了巨大变革，而即将到来的区块链时代也会产生百倍于互联网时代的价值创造！

这是一个伟大的时代，也是一个充满创新变革的时代，更是一个勇于结束过去迎接未来的时代！

未来已来！你，准备好了吗？

第一部分 通证与通证经济

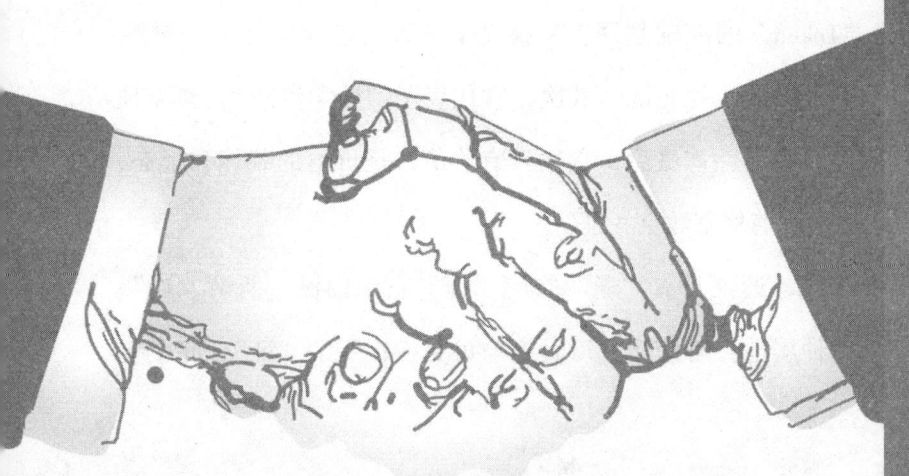

一、通证的本质及分类

1. 通证是什么

通证是什么？溯其渊源，这个概念早就存在。

我们知道，区块链又叫价值互联网，部分区块链底层技术脱胎于互联网技术。诸如Token等概念，尽管直到最近两年才为人所熟知，但早在互联网时代初期，就已经初具雏形。我们最早了解到Token是在学习计算机网络时，当时人们学局域网主要有两种技术：一种是现在大家普遍使用的以太网，另一种则是令牌环网技术，创建者是IBM。这种令牌环网技术就是假设100个人有100台计算机，当里面的人在网络中需要彼此通信时，需要快速传递一张令牌，即Token。谁拿到这个令牌谁才有资格发言，据此我们可以认为，Token在当时就是一个代表言论权的令牌。后来，当以太坊技术兴起，Token这个词便密集地出现在公众视野中。

2018年是公链与通证的元年，通证的出现，让区块链世界呈现在了世人的面前。那么，究竟什么是通证？过去，"通证"被人们称为"代币"，"通证"则是"Token"的准确翻译。从狭义上来说，通证具有三个属性：首先，它是一种可以流通的凭证；其次，它代表了"数字资产"，具有使用权、收益权等多种属性；最后，它还具有价值，是价值的载体和形态，是一种"可流通的价值加密数字凭证"。

从本质上来说，通证具有"通""证""值"三个内涵。所谓"通"，指的是通证的三种属性：可使用、可转换与可兑换；所谓"证"，指的是通证的三种属性：可识别、防篡改与技术共识；所谓"值"，指的是通证的两种属性：社会共识和价值载体。

从价值属性来说，通证具有三个属性：价格、收益和权利。这三种属性既相对独立，又彼此影响；既相互依赖，又不可分割。一种通证可能具备一个或多个价值属性，几种属性之间密切相关，如收益和价格。而不同属性之间的通证兑换模型则可能是不确定的。不同的环境会让它们发生不同的变化，因而无法形成兑换关系。从本质上来说，多维价值尺度是通证发行方的一种表现形式，并不是一种单纯意义上的经济活动（见图2-1）。

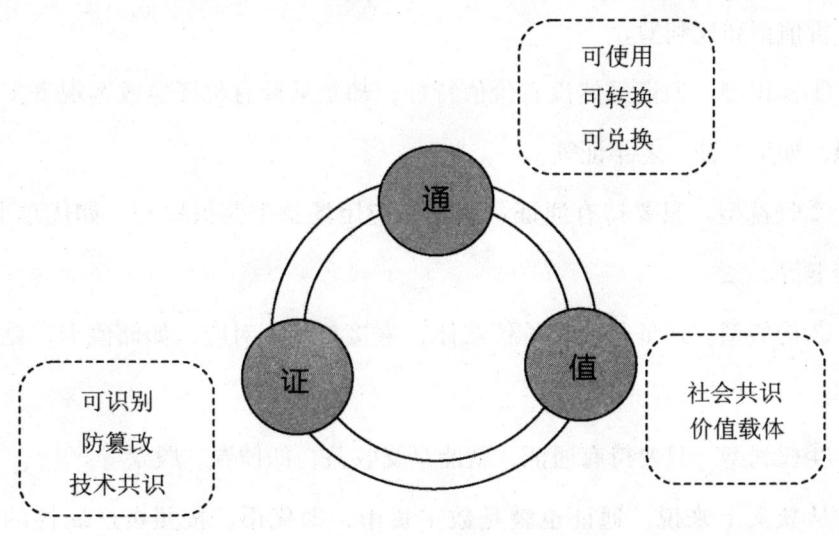

图 2-1 可流通的凭证

（1）通证的要素

通证的三大要素是：数字权益证明、加密与可流通，任何一个都不可或缺。

①数字权益证明。通证必须以数字形式存在，必须代表一种权利、一种固有的内在价值。世界上的各种权益证明，如股权、债券、积分、票据

等，都可以用通证的形式来表达，进而可以放到数字世界中去流通。

②加密。借助密码学原理，通证可以保证数据的真实性，还能防篡改、保护隐私。

③可流通。通证可以在网络内流动，验证也能随时随地进行，在一定程度上可交易、可兑换。

只要具备这三大要素，就是"通证"，如代币、身份证明、积分、卡券、股票等。

（2）通证的分类

从广义角度来说，按照属性，可以将通证分为四类：标识型、收益型、价值型和权利型。

①标识型。通证虽然没有价值特征，却是某种有价证券或客观事实的标识，如房产证、老年证等。

②收益型。只要持有通证，就能在应用场景中获得权利，如优惠卡、贵宾卡等。

③价值型。通证是一种价值载体，直接与价值对应，如储值卡、兑换券等。

④权利型。只要持有通证，就能享受收益，如债券、股票等。

从狭义上来说，通证也就是数字货币，即代币。按照资产属性的不同，可以分为：币、平台、应用和实物资产代币化。

①币。其产生于区块链技术的运用，不会对应特定使用场景，主要功能是交易标的，资产价值只能通过流动性来体现，有1000多个品种。是一种另类投资品种，是区块链资产领域的"交换媒介"。典型产品有比特币和莱特币，目前，价值最高的是比特币。主要指标是参与节点数和流动性。

②平台。其产生于区块链底层技术的运用，以该类平台的使用权或参与权作为支撑，约有20个品种。主要功能是建立技术平台，为应用开发提供基础技术支持。部分平台正在开发市场，机构投资占有一定的份额。典型产品有以太坊、Fabric和小蚁，主要指标是技术指标和开发进度。

③应用。与特定应用场景密切相关，以一定的使用权、参与权或分红权作为支撑，约有300个品种。主要功能涉及金融、供应链管理、社交、能源和产权保护等多个领域，是区块链资产增长最快的品种。UBank和OMG是典型产品，主要指标是开发进度和参与节点数。

④实物资产代币化。与实际资产密切相关，如黄金、美元等，以实物资产价值为支撑，品种少于10个。其与黄金、美元等资产关联，是实物资产在区块链的映射。目前，各国法律界定还不明确，市场容量较小，只有跟资产证券化结合在一起，才能放大想象空间。典型产品有AUSD、USDT，主要指标是锚定美元和黄金。

综上所述，对通证的定义的变化，反映了人们对它的认知的不断迭代。通证与区块链是两种不同的事物，彼此却是最佳拍档。众所周知，通证是区块链最具特色的应用，不发通证的区块链，比分布式数据库好不了多少。

区块链是新世界的后台技术，而通证是新世界的前台经济形态，二者各自独立，一旦通证与区块链结合在一起，就会产生一种突破边界的能量，促进生产关系的重构，带来生产角色的转化，颠覆生产关系的架构。

通证的本质是什么？通证约等于企业货币，其实也对应了哈耶克的非政府货币。通俗点说，通证就是一种权益证明，即将企业的资产、商品、服务等权益通过通证来承载、流通，实现价值的传递。掌握不同通证的人，不仅可以享有通证对应的权益，还可以在特定市场上进行交易，如此通证也就成了企业货币或证券。

2. 现实世界的通证

就像当年的"互联网+"一样,我们预计在未来十年的时间里,"区块链+"的浪潮也将蜂拥而至。

现实世界的通证可谓百花齐放,相得益彰。比如日本的女子组合"虚拟货币女孩"。2018年年初,日本有家娱乐公司看区块链很火,马上着手组织了一个多达8人的女子组合,每个女孩分别代表一个现在最流行的虚拟币种,分别是比特币、以太币、小蚁币、瑞波币、萌奈币、艾达币、新经币和比特币现金(BCH),8个人各自佩戴所代表的虚拟货币的面具。她们已经举行了几场演唱会,如果你想看表演,必须要付虚拟货币,而且仅限于上面8种。她们的首支单曲也很有意思,名叫《月亮与虚拟货币和我》。事实上,这是一首旨在告诉大家虚拟货币有被欺诈的风险的歌曲,它呼吁大家要一起为网络安全而努力,充满着浓浓的正能量。

可是这首歌也提醒了我们:如今的通证还处于发展初期,人们还没有进行全面而权威的诠释。在区块链概念普及的过程中,用户还会面临被欺诈的风险,甚至还会将区块链当成骗术,把它理解为传销。

任何一项新技术的产生和发展都要经历从混沌到有序的健康发展过程。对待新事物,要建立一定的容错机制。一定程度上说,区块链已经度过了它混沌无序的时刻,未来必然会越来越好,越来越安全,其标志就是成千上万的应用场景的解决方案的陆续问世。屈指算来,至少在银行业、支付、股票交易、供应链金融、可编程金融、跨境清算、国际化点对点汇兑、慈善捐赠、学术研究、选举、汽车业、咨询预测行业、在线音乐、共享乘车、房地产、保险、医疗、政府、公益、体育、供应链管理、能源管理、云存储、智能合同、电子商务、身份验证、数字证书、公证防伪、文件存储、物流、社交通信、溯源防伪等层面，区块链技术都将会有广泛应用。

比如2018年年初问世的慈善健康链，它由全球联合健康慈善基金会推出，通过鼓励全民行走，在增强身体素质的同时挖矿获得健康币，然后通过平台对全球病患进行选择性捐款，从而解决世界上偏远地区以及贫穷落后地区的重病患者看病难、救治难问题，提高全球医疗水平。参与者若生病的话，也可以通过登录平台，输入个人信息，便有专家进行一对一问诊，并可免费获得医院 VIP 卡。健康币可以用来购买药物，也可以用作治疗费用。整个过程通过区块链技术加密，任何个人信息都不会泄露，就算是医生与护士想查看，也要得到用户允许。区块链技术应用到医疗领域，可以大大推动医疗行业健康发展，有效地解决医疗机构、医药生产厂商、医疗保险机构、患者等相关方存在的传统无法根除的问题。

现实世界的通证就像一个硬币的两面。目前，市场上存在众多空气币项目，好的通证项目与比特币有着同样的理想，比如，希望成为避险资产、希望成为一般等价物、想具备全货币的功能；或者，它们的理想就是比特币具备全货币功能。通证的内在意义是，彻底消灭"空气币"的存在。通证能够将现实企业的资产、商品、服务等连接到区块链上，每个流通的 Token 都代表了相应的资产、商品和服务。由此，便可以确信，不管是区块链，还是通证，通证经济都会给我们带来无限生机，通证经济改造必然会掀起全球经济的下一场风暴。

3. 通证的分类与应用

分类的过程是将事物按照相似或相异的性质特点和用途进行合并或区

分的聚类过程，分类是深入认识事物的必要阶段，是研究一个新领域应该最先经由的思维栈。面对区块链这一应用前景广阔的技术，面对繁复多样的区块链项目，面对设计精妙的通证机制，我们希望可以建立一套通证的分类框架，这套分类框架将成为通证经济风险识别的底层基准，也将成为指数编制的前置积累，更将成为行业研究样本选择的依据和未来区块链发展的有力向导之一。

在区块链发展早期，很多学者尝试对区块链领域的项目按照实际应用案例（Use Case）进行列举：如IBM发布的"Blockchain for Dummies"，列举了包括金融服务、保险、政府信息管理（土地资源和市民信息注册）、供应链管理和物联网在内的多个场景。随着行业的不断发展，项目数量的增多也催生了"多层次"的分类，即用多个平行维度（技术基础层、垂直应用层等）来定位一个项目或通证。

在目前的市面上，通证的分类方法有很多，但分类逻辑各异、分类方法模糊、分类结果较为融合，对分类效果造成了负面影响，无法成为行业的通用标准，自然也就不能进行推广使用。

市场上，比较典型的数据服务提供商通常都用标签（Tag）的形式，按照发行通证项目所在的"行业"进行划分，其标签由众多在实操中容易产生重复分类的概念组成，如人工智能、大数据、银行业、平台、娱乐、虚拟现实等。换言之，如果某个项目既专注于"区块链+娱乐"，又有虚拟现实技术，按照"标签体系"标准进行分类，只能将该项目划分到两个类别下，这是一种非互斥性分类。

此外，在一些交易所指数中，也存在分类标准不明晰的问题。区块链资产代表了不同的权益属性,如前所述,业内的几家指数将通证分为:货币、平台、应用和实物资产化代币等。有些交易所从"优质公链""潜力币种"等选取项目,组建指数编制的样本池,缺少统一的逻辑指导,指数的"指代性"模糊,"有效性"不确定。

其他学者的分类方法也有很多,比如:有的学者从"分布式账本技术"和"通证经济设计"两个维度来建立区块链分类法,但具有不可重复操作性;多数分类都是在"公链""联盟链"和"私链"等基础上进行修改。这些分类方法都不重视市场项目种类的复杂性,无法满足市场的客观、全面的需求。

其实,只要以1500多个项目评级为基础,积累大量的数据,进行审慎的行业观察,运用聚类思维,就能建立一套成熟全面、逻辑一致的通证分类框架。该框架通常由三个维度组成(见表2-1)。

表2-1 通证三个维度

序列	维度	说明
1	行业属性	其以互斥的行业名称为基础,借助"标签"体系,对发行该通证的项目所在行业进行定位
2	功能属性	将通证分为加密货币型、效用型和权益型
3	技术属性	共有两类:衍生通证和原生通证,体现了通证与项目的关系

(1)行业属性

①根据"主要目的"对发行该通证的项目所在行业进行定位。目前,区块链行业针对项目和通证的分类体系正在逐渐走向成熟,但分类逻辑依然不清晰,无法为市场项目和通证研究提供支持;同时,有些投资机构和

区块链数据服务提供商的分类，虽然覆盖了多数项目和通证，在数量上达到了要求，但"分类"却不符合要求。

②传统经济分类如何解决"互斥性"问题？经济的行业分类，通常要遵循《国际标准产业分类》的原则，划分对象是实体从事的"经济活动"。在实体从事单一的"经济活动"时，要根据"增加值贡献"来区分"主要活动"与"次要活动"，实体所属的类别就是它进行的"主要活动"类别。对于商用单位来说，区块链技术只是其解决市场问题的一种手段，仍然涉及他们的主要活动。

在经济的行业分类中，"经济数据"是衡量"主要"与"次要"活动的尺度，也就是说，如果某个经济活动带来的增加值份额最大，就会被归到某个分类下。而在区块链行业中，这个规则很快就要失效，因为多数区块链项目还没有掌握"投入"和"产出"计量的生产资料，"财务报表"同样也无法知道。

如今，多数区块链项目提供的最权威的公开材料都是它的白皮书，是一种语义资料，而不是统计资料，仅用定量分析，无法确定区块链项目的主要活动。因此，区块链项目的互斥性，是通过对白皮书的分析、主要目的的判断来进行的。

分类的直接对象虽然是通证，但要想定位通证，首先就要明确发行该通证的项目所在行业。在这个过程中，需要对项目的白皮书进行"目的"分析，将项目官网作为第二参考资料，其他相关资料则是第三参考资料。

对区块链项目的实际目的，可以做不同类别层次的拆分、重组和创新。在整个框架中，贯穿着聚类思想，类别形成的过程从遍历项目白皮书、寻找项目的相似性开始。现阶段，部分项目虽然可以被归纳成一类，但这些项目的数量还没有达到一定阈值,无法统一划分归类。

③行业详解。

a."单一目的"明显的区块链项目。

支付通证行业。主要涉及以下三方面的内容(见表2-2)。

表2-2 支付通证行业涉及三方面的内容

内容	典型项目	目的	说明	举例
通用支付	Bitcoin、Litecoin、Monero 等	创造一般等价物	发行的通证能够行使价值尺度和支付手段等部分货币职能	BTC、LTC、XMR 等
特殊支付	Reddcoin、Hempcoin	创造一般等价物	发行的通证只能在某个具体领域内执行部分货币职能	RDD 和 THC 等
锚定与储蓄	Tether、BitGold、Digital Dollor	创造一般等价物	通证的价值确定过程需要锚定其他资产	USDT、BITGOLD 和 AUSD 等

通用平台行业。典型代表有 Ethereum、EOS 和 Cardano 等项目,目的是给智能合约开发者提供在区块链上开发、部署与运行智能合约的基础设施。该平台的应用场景不设限、不可知,比如 ETH、EOS 和 ADA 等通证就属于该行业。

技术与协议行业。典型代表有 Bancor、Districtox、IPFS 等项目,目的是提供一种新的、可以部署和应用在区块链上的协议和技术,比如 BNT、DNT 和 Filecoin 等就属于该行业。

交易所行业。比如中心化交易所,典型代表有 Binance Coin、Kucoin Shares 等通证,发行主体是中心化交易所,BNB 与 KCS 属于该行业。去中心化交易所，典型代表有 DAX、UBNK 等通证，发行主体是去中心化交易所，如 DAX 和 UBNK 属于该行业。

金融行业。比如 Bytom、Stratis 等项目，主要为客户提供（类）货币金融、资本市场和保险业等相关服务。SALT、Polymath 等项目，主要为客户提供（类）货币金融、资本市场和保险业等相关服务。BTM 和 STRAT 与 SALT 和 POLY 都属于金融行业。

信息技术服务行业。主要涉及三方面的内容（见表 2-3）。

表 2-3　信息技术服务行业涉及三方面的内容

内容	典型项目	说明	举例
信息技术服务－物联网	Walton、IoTex 等	主要为客户提供各种"物联网+区块链"技术支持服务	WTC 和 OTX 等
信息技术服务－人工智能	Cortex、Deep Brain Chain 等	主要为客户提供以大数据处理为基础的产品和服务交易平台	CTXC 和 BC 等
其他信息技术服务	—	主要服务项目有溯源、身份认证等	—

娱乐与游戏行业。Enjin Coin、WaykiChain 等项目，主要为游戏开发者搭建开发平台，支撑以其通证为媒介的游戏生态；Delphy、Etheroll 等，都是游戏类应用。ENJ 和 WICC 与 DHY 和 DICE 属于该行业。

社交与内容行业。典型代表有 Steem 和 Decent 等项目，是专注于社会交际、内容分享和创作等领域上的开发平台。而 Kin、Po.et 等项目，是专注于社会交际、内容分享和创作等领域上的应用。STEEM 和 DCT 与 KIN 和 POE 属于该行业。

商务与租赁行业。比如商务与租赁中的电子商务，典型代表有 Syscoin 和 CyberMiles 等项目，是电子商务领域的开发平台或应用。SYS 和 CMT 属于该行业。商务与租赁，比如广告，典型代表有 DATA 和 New Power Coin 等项目，均是专注于广告领域的开发平台或应用，DTA 和 NPW 属于该行业。

钱包行业。比如单一功能钱包，典型代表有 imToken 等项目，实现了基于各区块链底层技术开发的数字资产储蓄功能，imToken 属于该行业。综合功能钱包，典型代表有 UBank 等项目，不仅实现了跨链数字资产储蓄功能，还具有数字资产管理等金融理财功能及社交功能等，UBank 属于该行业。

其他行业。比如能源行业，典型代表有 Power Ledger、Electrify.asia 等项目，是能源领域的开发平台或应用，POWR 和 ELEC 属于该行业。房地产行业：典型代表有 Propy、Bitrent 等项目，是房地产领域的开发平台或应用，PRO 和 RNTB 属于该行业。交通行业：典型代表有 TFchain、CUBE 等项目，是交通（包括汽车制造、汽车修理）领域的开发平台或应用，TF 和 AUTO 属于该行业。教育行业：典型代表有 ODEM 等项目，是教育领域的开发平台或应用。ODE 属于该行业。

b. 用与行业分类不同的标签体系对行业分类进行补充。

想象这样一个场景：

在一间房子里，一群人挤在一起，需要通过分类对这群人进行辨识，依据不可重复的、最重要的特性将人们归入某个"方阵"，一个人是不可能同时出现在两个方阵内的；如果想对一个群体进行细致研究，就要为每个人贴上"性质标签"，如婚姻状况、学历水平、年龄段等；此外，如果想对已婚、本专的男性进行研究，则需要让贴有该标签的人出列。

在区块链的行业分类中，每个项目都要被归入某个阵营，然后再利用第二"标签体系"进行筛选，以满足研究的需要。只不过不同于上述例子，标签名字与行业名字是可以一样的。比如，"人工智能"是 A 项目的"主要目的"，同时也可以是 B 项目的"辅助手段"，B 项目虽然属于其他行业，但依然属于"人工智能"。

一个项目既可以贴上多个标签，也可能存在多种"辅助活动"，这些标签还可以包括一些独特的概念，如"内容变现""数据上链"等。标签的形成同样源于项目的遍历。在此，我们不再对各标签的含义进行一一阐述。

（2）功能属性

功能属性是定位通证的第二维度，主要包括三个类别：加密货币型通证、效用型通证和权益型通证。如表 2-4 所示。

表 2-4 功能属性包括以下三个类别

通证	说明
加密货币型通证	该通证具有内存价值，有望行使类法定货币职能，比如 Bitcoin、Litecoin 等
效用型通证	在项目的生态内，可以作为消费服务和商品的媒介物
权益型通证	包括有治理作用的通证、权益型通证，能够按照持有通证的比例参与分红

如果某通证可以同时满足成为效用型通证和权益型通证的要求，就可以同时归入两个类别。也就是说，在这一维度中，并不做互斥性要求。

①"证券型通证"的探讨。

关于"证券型通证"，目前业内有很多讨论和解读，尚未达成共识，分类中更倾向于采纳美国证券交易监督委员会（SEC）对"证券型通证"的认识。首先，"效用型通证"和"证券型通证"在"使用价值"上没有明确的界限。二者不是对立的，可能会互相转化。其次，关于加密货币型和证券型通证的区别，虽然从广泛意义上来说加密货币不是证券，但依然要具体问题具体分析。

可见，"证券型通证"是一个法律概念，只有满足豪威测试、受到 SEC 认证，这样的通证才是真正有意义的。在"功能属性"的维度中，"证券型通证"在逻辑上和事实上都无法成为一种定位通证。

②关于双通证和多通证。

关于双通证和多通证的问题，同样涉及上述行业的划归问题。对于一个项目的双通证和多通证来说，虽然在项目中发挥的作用不同、职能不同，但在"行业属性"维度中同属一个类别，职能上的不同可以通过第二维度进行诠释。举几个例子：

a. Maker DAO 的两个通证，即 MKR 与 DAI。在第一维度中，二者被归入"支付通证—锚定与储蓄"。在第二维度中，MKR 具备治理职能，是"权益型通证"；DAI 是"稳定通证"，是"加密货币型通证"。

b. NEO 的两个通证，即 NEO 与 GAS。在第一维度中，二者被归入"通用平台"；在第二个维度中，NEO 是"权益型通证"，GAS 是"效用型通证"。

c. Steem 的三个通证，即 STEEM、Steem Power(SP) 和 Steem Dollars (SBD)。在第一个维度中，三者多是"社交与内容行业"。在第二个维度中，STEEM 是 Steem 生态中的计价单位，是"效用型通证"；Steem Power (SP) 是一种权益代表，是"权益型通证"，Steem Dollars（SBD）是"加密货币型通证"。

（3）技术属性

通证的技术属性主要表现在两个方面：

a.衍生通证。发行衍生通证的项目没有为通证的流通专门创建公共账本,其生成与流通完全依赖于其他平台。也就是说,要通过这一维度来思考:发行某通证的项目在现阶段是否拥有自己的"链"。比如,ETH就是一种原生通证,该结算依赖于发行该通证的项目创建的"链",即Ethereum区块链。

b.原生通证。通证的生成与发行源于其所在区块链系统的初始设计意图,原生通证的交换与结算都是通过发行该通证的项目创建的公共账本来执行的。

4. 通证分类全景图与局限

(1)全景图(见表2-5)

表2-5 通证名称

技术属性	行业		标签	功能属性
原生通证	支付通证	通用支付	数据经济	加密货币型
		特殊支付		
		锚定与储蓄	防伪来源	
	信息技术服务	物联网	身份认证	
		人工智能		
		其他	侧链与跨链	
	商务与租赁	电子商务	电子商务	效用型
		广告		
		其他	共享经济	
衍生通证	通用平台		内容变现	
	交易所		人工智能	
	金融		BAAS	
	娱乐与游戏		匿名	
	社交与内容		市场	
	技术与协议			权益型
	其他(能源、房地产、交通、教育)		物联网	

下面是三个项目、四个通证的分类示意。

Ontology 的通证之一，ONT 的分类示意（见表 2-6）。

表 2-6 ONT 的分类示意

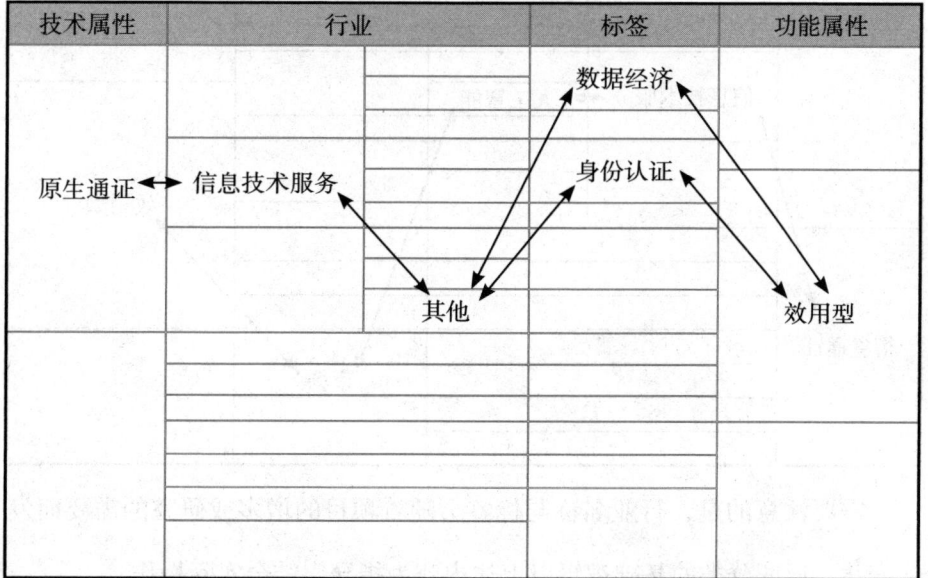

Ontology 的通证之一，ONG 的分类示意（见表 2-7）。

表 2-7 ONG 的分类示意

Monero 的通证，XMR 的分类示意（见表 2-8）。

表 2-8 XMR 的分类示意

技术属性	行业	标签	功能属性
原生通证 ↔ 支付通证	通用支付		加密货币型
		匿名	

Cortex 的通证，CTXC 的分类示意（见表 2-9）。

表 2-9 CTXC 的分类示意

技术属性	行业	标签	功能属性
衍生通证 ↔ 信息技术服务	人工智能		效用型
		市场	

需要注意的是，行业名称与标签会随着项目的增多或研究的需要而发生变化，通证分类的基础逻辑以上述内容为指导，结合实际操作。

（2）通证分类的局限

对于行业和标签维度来说，类别名称的形成源于对"白皮书"的理解，因此，自然语言的模糊性与指称作用的外延性就会给"类别名称"的聚类带来负面影响。例如，"物联网"的本意是指，物理实体通过电子元件实现网络接入，可是在众多区块链标签中，却被理解成"供应链溯源""智能家居""机器对机器"等。

如果物理实体能被溯源，这些概念能否只用"物联网"来表示？如果词语自身的指代具有包含关系，在具体语境中又该如何理解和辨别？要想得出该问题的答案，也许就要借助语言统计模型了。但即使这样，传达出来的语义也会存在误差，不会绝对准确。在阐释行业维度和全景图中，我们列举了大量案例，借此读者就能知道：讲述"物联网"时，我们想要传达的"象征物"究竟是什么？

二、通证经济

1. 通证经济与通证经济学

传统中,我们总是习惯于将整个经济活动划分为实体经济与虚拟经济两大范畴,结合对新经济的研究,将整个经济活动重新划分为实体经济、通证经济和新虚拟经济。

实体经济是指服务的生产、流通和物质的、精神的产品等经济活动,是人类社会赖以生存和发展的基础。

通证经济。最初,通证经济并不是一种标准的经济形态,而是一种管理手段;今天提到"通证经济"的人越来越多。简单来说就是,通证经济就是围绕着"通证"这一全新概念构建或定义的一种新的经济系统,是实体经济与新虚拟经济之间的桥梁。

虚拟经济是经济虚拟化("金融深化")的必然产物。以金融机构、金融工具和金融市场为主要依托,是一种与虚拟资本循环运动关系密切的经济活动。它是一种与实体经济相对应、与传统的物质生产及有关的劳务活动相区别的经济形态。

自2017年起,以金融科技为代表的新虚拟经济,尤其是区块链金融的发展,引起了全世界的关注。而区块链技术,不仅有助于降低交易和信任风险,还能降低金融机构的运作成本,已经被运用在数字货币、企业投融资、跨境支付、金融财富管理、市场与交易等多种领域,很可能构建出一种全新的金融基础设施，彻底改变现有的金融生态。所以，区块链金融必然引领新虚拟经济。

而通证经济学，无非就是围绕着区块链技术与通证经济应用展开的专门学问。什么是通证经济？什么又是通证经济学？二者其实互为一体，我们不要囿于这些基本概念，只需明白，它们是由区块链技术带来的社会革命，它们要改造、颠覆的对象，就是过去几百年来一直行之有效的股份制、公司制。股份制与公司制相对于更早的社会时期来说，也曾是巨大的进步，这种在当时堪称全新的人类协作制度曾经给人类创造了巨大财富，推动了人类社会向前发展。但与通证经济相比，它就像历史上曾经革新但最后陈旧的那些经济模式一样，不再符合时代的要求，被改造或者被替代是社会发展的必然。

通证经济的载体是社群或自治化组织（DAO），而不是传统的公司。传统的公司讲究制度，用制度约束人；通证经济体则用共识取代制度，通过设定进入就必须遵循原定规则进而形成被所有人认可的共识，从而大大降低社区内成员的交易成本，继而实现规模的扩张和边界的扩大，这样可使全世界范围内互不相识但能达成共识的人共同协作，在维护系统的基础上不断升级系统。

比特币系统是第一个成功运行的通证经济体。用现在的话说，它采用的是自激励模式，通过在社区内进行通证激励，吸引用户并把用户上升到合伙人阶段，让他们发自内心地愿意贡献自己的价值，去持有、分享、传递价值通证，从而促进区块链项目的改造与技术的升级。比如写相关文章、做相关宣传、新手培训等，这些事情都没有人在后面督促，完全是自觉自愿的，但参与者会呈现出超出我们想象的热情。这告诉我们，通证经济的最大优点就是它的激励机制,这既是一种哲学博弈论,也是凸显区块链不同于互联网的地方。互联网时代,我们是数据的贡献者,但使用自己的数据,还是需要向数据持有平台付费。然而在区块链时代,我们既是数据区块的贡献者,也是数据区块的拥有者,他人如果想使用我们的数据区块,就要向我们支付相应的通证,实现价值的传递。

顺便给初入门的读者介绍一下糖果币。顾名思义,它是一种福利,就像发糖果或者小红花给小朋友一样,发给潜在客户或准参与客户,以增加平台人气,提升平台的知名度,同时提振通证的价值。早期比特币也是如此。为了进一步推广应用比特币,就可以采取相对简单的计算机程序挖矿,在全球范围内形成初步共识后,增加比特币网络的算力难度,采取每四年算力减半等方法,提高通证在数字货币领域的行业共识。"通证经济"一旦脱离了其清晰定位,就会沦为传统的公司制度与股份制经济的创新……进而推进更大规模的自由协作,引发全球经济的下一场风暴。

类似于最近同样火爆的 AI(Artificial Intelligence),也就是人工智能,它同样是计算机科学的分支,并且目前正以前所未有的速度发展。不过,它原本可以发展得更快些。我们现在看到的结果,其实是发展受阻的结果。这主要是由当前整个人工智能行业的发展模式造成的。

说简单点,大家各自的技术研究成果、数据沉淀等核心信息都是严格保密的,暂时无法有效地形成分享机制,导致重复投入,效率低下。如果把这比作造车,就是说各企业必须从头研发自己的轮子,然后走别人走过的路,卡在别人曾经卡住的坎上……因为没有人愿意共享或者由于技术路线的不同、早期缺乏统一标准等导致信息很难共享,加之人工智能领域的人才本来就少，分散各处，令整个行业效率变得更低。而区块链的去中心化模式或许可以促进人工智能的发展。

之前大家不是不愿意共享，而是共享得不到相应价值的传递。不想无偿共享，便进行有偿共享，这本质上是计价问题，而这正是通证经济的专长。曾经担心的核心技术泄密也不再是问题，用API方式来做接口，数据与代码都不会泄露。同样地，区块链技术可不可以跟物联网结合？通证可不可以跟云计算结合？答案是都可以。前面说通证经济是围绕着通证这一全新概念构建或定义的一种新的经济系统，这其实是一种保守的说法，事实上未来的通证经济，将是一个围绕着林林总总的通证经济模型构建起来的大规模组织的超级生态体系，体积庞大，能量惊人，远超在当下的"公司制度"下的协作所带来的价值。

有人说，"通证经济"就是一个新型金融游戏。其实不然。就像所有的科技探索一样，在最初都会有阵痛，但渐渐地，都从混沌无序走向良性健康发展。在泛商业化的时代，个体是依据自己的认知来解读通证经济的。

人与人的智力基本上都差不多，但有着巨大的认知差距。未来，一旦全球社群组织对它形成共识，区块链技术与实体经济将会进行更多的融合，就会在前进中发现更多的痛点，完善通证经济机制在发展过程中遇到的问题。

区块链是一种技术，更是一种思维。通证经济需要技术的支持，更需要认知的支持。从技术的升级，到认知的改变，再到法律法规的对接与完善，这是一个庞大的社会系统工程，需要全社会的共同努力。

2. 面向未来世界的通证经济体

面向未来世界的通证经济体,未来已来。

按物质属性,传统世界经济可以分为实体经济与虚拟经济。下面,就来探讨一下实体经济与虚拟经济的概念,便于更好地理解通证经济体的概念。

(1)实体经济

正如前面章节中所介绍的,实体经济是指人通过思想使用工具在地球上创造的经济,包括物质的、精神的产品和服务的生产、流通等经济活动(引述自《百度百科》)。一直以来,实体经济都是人类社会赖以生存和发展的基础。

(2)虚拟经济

虚拟经济是经济虚拟化("金融深化")的必然产物,其以金融机构、金融工具和金融市场为主要依托,与虚拟资本循环运动密切相关,是一种与实体经济相对应、与传统的物质生产及其有关的劳务活动相区别的经济形态。自2017年开始,以金融科技为代表的新虚拟经济,尤其是区块链金融的发展,引起了全世界的关注。

(3)金融科技

金融科技主要是指由大数据、区块链、云计算、人工智能等新兴技术带动,产生的新兴业务模式、新技术应用和新产品服务等,对金融市场以及金融服务业务供给产生重大影响。其中,区块链技术有助于降低交易和信任风险,降低金融机构的运作成本,已经被运用于数字货币、企业投融资、跨境支付、金融财富管理、市场与交易等众多领域,构建出一种全新的金融基础设施,并彻底改变现有的金融生态。

从区块链技术角度来说，通证经济体必须具备三个要素：节点、平台和行为。

综上所述，随着五百年难得一遇的区块链技术的产生，未来世界经济可以划分为实体经济、新虚拟经济以及联结前面两者的通证经济。通过通证改造后的实体经济构建起来的未来世界新的通证经济体，是一种以区块链金融为核心的新虚拟经济，本质就是一种实体经济，其核心是区块链技术，灵魂是通证激励机制，流通是区块链金融。

3. 通证经济体的特点与意义

通证经济体都有哪些特点？具体来说包括以下几点。

（1）经济共同体

一个标准的通证经济体，必须有一定数量的节点，并且每个节点之间地位平等，共担义务，共享平台的成长，是真正意义上的命运共同体。股份制公司时代，公司的生产关系只有股东或老板与员工之分；在通证经济时代，只要持有公司或项目通证，用户就是公司或项目的股东。通过通证，就能实现信任的规模化，形成一种全新的生产关系，创造人类经济共同体。

（2）通证计量

在通证问世之前，人类对于价值只有两种表达形式——一种是货币，另一种是记账，各有各的优点及适用范围。当年，中本聪之所以要提出比特币这种点对点的现金电子交易系统，主要目的是创造一种超级主权货币，实现对价值进行公平、公正、公开的计量，用去中心化的共识机制来推动人类的经济活动。

随着时间的推移，人们把比特币精神当成一种信仰，形成一定范围内的共识，继而看作"数字黄金"。之后，全球范围内就该问题进行过多次激烈讨论，观点层出不穷：有的认为它是一种商品，有的认为这是一种证券属性……在全球范围内，真正从政府层面将比特币等数字资产定性为数字货币的还没有出现。多半都认为，货币是一个国家主权的象征，以"去中心"为特征的数字货币并不是严格意义上的主权货币，短时间内不会得到主权国家的认可。

（3）自金融体系

通证经济以及通证经济体的不断发展，逐渐形成了自金融体系。区块链技术的发展给人类社会自金融体系带来了可能性，比特币的诞生就是自金融体系的显著表现。这种点对点的交易系统摒弃了传统金融体系中的中介化内容，提升了数据信息交换的效率。

自主地掌控经济行为的时间节点，不仅有利于跨区域的国际贸易往来，促进国际贸易结算；还能有效地解决传统金融在时效性、广泛性、便捷性等方面的问题；更有利于形成一个高效协同的全球金融体系，推动整个经济体系的有序发展。

三、资产通证化

1. 什么是资产通证化

柚子币（EOS）CEO 布伦丹·布拉默有一句名言，他说如果 50 年后我们回头去看，会发现互联网只是区块链的一个序幕。同样，当我们在谈论"资产通证化"时，我们其实也是在谈论一种趋势，一个已经拉开的序幕。

何谓资产通证化？想回答这个问题，我们首先要回答"什么是资产"。

资产是会计核算中最重要的一个概念，是在一定的经营期间内能带来现金的流入，也就是能把现金装进口袋的东西；而负债则是把现金从口袋里取出的东西。

阐释资产通证化，最好的例子就是房产等不动产。容易变现的房产是优质资产，从一定程度上说，它们甚至具备了金融属性。但是，边远地区以及农村的房子却很难实现变现，它们仍是资产，即使是负债的资产，也是资产，只不过是沉没的资产或资本。资产通证化的意义就在于，把这些沉没的资本打捞起来，让它们不再沉没。

其实，不管是资产还是资本，都分为有形的与无形的两种。比如，上市公司的无形资产，如商标、商誉、技术等，不仅是资产，还能体现为市值，反映在股票价格上。

2. 资产通证化带来的价值

资产通证化带来的价值，首先，增加了社会上的资产量与提高了资产的流动性。前面说过，沉没的资产相当于负债，但通过资产通证化把它们打捞起来，它们就重新成了资产。

很多沉没的资本原本是没法计价的，但是通过资产通证化，之前没法计价或者没被计价的资产被计价了，这样大家的财富都是增长的，因为整个社会的财富在增长，所以说资产通证化无论对个体来说还是对社会来说，都具有巨大的价值，说具体点就是赋能实体经济，从而造就了巨大的商业机会。

其次，资产通证化既是对传统的资产证券化的完善，同时也是对ICO的拨乱反正。自1602年世界上首支股票在荷兰阿姆斯特丹问世后，股份制便在世界各地兴起，无论是荷兰还是英国，这些曾经的世界级强国走了相同的道路，那就是通过发行股票来筹措资金，聚集社会上分散的财富，用于扶植东印度公司等殖民企业的对外扩张。与此同时，旨在方便持股人变现的股票交易所和解决资金拥堵问题的银行也相继诞生，西方人一度借助这个凭空创造出来的涵盖银行、证券交易所、信用以及有限责任公司的机构，创造覆盖全民的金融体系，主宰世界五百年。

但是，普通人想融资难不难？中小企业想贷款难不难？即便是在国外，也不是太容易的事情。国内就更加困难，中小企业融资难、融资贵早已经成为一个世界性难题。股票市场简单来说就是一个以融资为主的市场，而区块链技术的发展，可以丰富我们的融资体系，也就是ICO。

在很多人还没搞明白CEO、COO、CFO、CMO、CIO的区别时，市场上又出现了一串新的"O"：ICO、IFO、STO、IEO和IMO。

首先，这些新出现的"O"都是代币融资的方式。在全球范围内，多数国家针对代币融资的法律几乎都是空白的。但是，这些概念容易被人利用进行诈骗或"割韭菜",所以中国、美国等国家都禁止 ICO。

(1) ICO、IFO、IEO 和 IMO

关于 ICO、IFO、IEO 和 IMO 的区别,见表 2-10。

表 2-10 ICO、IFO、IEO 和 IMO 的区别

融资方式	全称	中文	说明
ICO	Initial Coin Offering	首次代币发行	区块链项目首次向公众发行代币,募集比特币、以太币等主流加密货币,获得项目运作经费
IFO	Initial Fork Offering	首次分叉发行	通过分叉比特币等主流加密货币生成新的代币
IEO	Initial Exchange Offering	首次交易发行	以交易所为核心发行代币,代币跳过 ICO,直接上线交易
IMO	Initial Miner Offering	首次矿机发行	首次通过售卖硬件/矿机来发行代币

(2) ICO

要想将 ICO 搞清楚,首先就要弄懂 IPO。

IPO 是"Initial Public Offering"的简称,即首次公开募股。IPO 发行的是股票,但获得的却是法币。简而言之是,公司在证券交易所上市,向投资者发行股票,将私人公司转化为上市公司。而 ICO 则是项目方向公众发行代币,募集比特币、以太坊等主流加密货币。

IPO 和 ICO 的区别主要体现在见表 2-11。

表 2-11 IPO 和 ICO 的区别

项目	IPO	ICO
方式	IPO 投资者用法币交换股票,出让的是股东权益	ICO 投资者用以太坊、比特币等交换项目发行的代币,出让的是项目使用权
变现	企业 IPO 需要满足公众持股量、财务报表等要求,变现周期长	ICO 投资者可能在短短的几星期内就能成功变现
风险	要设置涨停、跌停机制和开关市的时间;企业 IPO 受《证券法》监管	ICO 没有涨跌停限制,7×24 小时全球同步交易;保护 ICO 投资者的法规还没有制定

（3）IFO

目前，在行业内部，比特币被人们认为是最强大的数字货币，但延展性太弱，这也是最致命的。

当初中本聪在设计比特币时，规定每个区块大小为1M，比特币只在少数极客、程序员之间流通，并没有出现交易延迟、网络拥堵等问题。随着需求的不断增长，网络延展性变得模糊，比特币转账速度约为7TPS（即每秒处理7笔交易），而支付宝、微信、VISA等每秒可以处理数百万笔交易。

为了改进比特币，解决转账延迟、手续费昂贵等问题，有些团队开始分叉比特币：在某个区块高度修改比特币核心代码，让比特币出现两条分支：一些矿工继续在原有的主链上挖矿，获得比特币；另一些矿工在新的支链上挖矿，获得分叉币，分叉之前持有比特币的用户也会获得分叉币……这个过程就叫作IFO，首次分叉发行。

后来，在比特币的基础上，人们又疯狂进行分叉，生成了新的加密货币，例如比特币现金BCH、比特币黄金BTG、比特币钻石BCD等。其中，最具代表性的是BCH。

比特大陆可能是全球最大的区块链IFO，其旗下的矿池ViaBTC设定了一套硬分叉体系。为了解决扩容问题，2017年8月1日12:37（UTC时间）从比特币区块高度开始分叉，对比特币代码进行了修改，将区块大小调整为8M；8小时之后比特币现金开始挖矿。于是，比特币出现了新的分支。

（4）IEO

IEO的特点显而易见：减少了融资认购的过程，省掉了ICO、空投推广等环节，可以直接在加密货币交易所上市交易；平台币操作灵活，既可以用来抵扣其他交易的交易费，还可以用来投票上币等。

从 2019 年 2 月开始，币安 Launchpad 开始用交易所平台代币来抢购项目份额，结果创造了一个牛市，引发了全球投资者和投机者的抢购热潮。

币安的第一个 IEO 项目是波场的 BTT。"BitTorrent"是一种内容分发协议，由布拉姆·科恩自主开发。其使用高效的软件分发系统和点对点技术，共享大体积文件（如一部电影或电视节目），为各用户提供上传服务。目前，BTT 协议是世界上最大的去中心化协议，用户多达 10 亿。该项目的上线最高回报率约为 1000%。

币安的第二个 IEO 项目是 FET。所谓 FET 就是，用机器学习、人工智能、多代理系统和去中心化分类账本技术驱动经济互联网。举个例子，现实生活中，很多闲置车辆，给社会造成了巨大的资源浪费，而 FET 使用自己的技术，就能帮助车辆自动且高效地运转。币安，在该项目上的上线回报率约为 600%。

说到 IEO 的前景，币安 CEO 赵长鹏一直都充满信心。原因有二：第一，他认为，数字货币行业、区块链技术是永远不会消失的，只会发展得越来越好；第二，在区块链上融资是一个巨大的应用，也是目前超过数字加密货币支付的最大应用。

（5）IPCO 模式

"IPCO"是"IPO+ICO"的简称，即股币双权模式。

2017 年 9 月 4 日中国政府禁止 ICO 等代币融资，本书作者就提出过所谓的 IEO 模式。在白皮书完善后，项目方完全可以直接到一家中小型数字资产交易所上币，在交易所公开市场上完成项目融资。这样做的好处有两方面：第一，交易所是公开的二级市场，在二级市场上融资，不会触及私募法律风险；第二，在交易所上首发，二级市场上就有了公允价值或价格依据，这样更加有利于场外 OTC 融资。

IPCO 模式是区块链技术与实体经济相结合的产物：首先，实体企业通过 VIE 架构，将实体资产协议转让给其他地区或国家发行数字通证的项目主体，将实体资产通证化，完成通证融资；其次，将募集到的资金通过相关渠道回流到实体企业，促进实体经济的发展。最后，完善现金流和财务报表，只要符合 IPO 证券的首次发行条件，就能申请上市，真正实现 IPCO 股币的双权模式。

3. 可通证化的资产类别

在前面，我们谈到过资产通证化的形态，知悉只要是对应着实物的资产、商品或服务，都可以通证化。然而在未来的资产通证化进程中，肯定也会存在着不适合上链的资产和价值不适合通证化的资产。

反过来说，可通证化的资产类别未来会占到现实资产的绝对主流，这也是毋庸置疑的。用链圈大咖孟岩和元道的话说就是："通证启发和鼓励大家把各种权益证明，比如门票、积分、合同、证书、点卡、证券、权限、资质等全部拿出来通证化，从而放到区块链上流转，放到市场上交易，让市场自动发现其价格，同时在现实经济生活中可以消费、可以验证，这是紧贴实体经济的。"

区块大陆则提出了一个有趣的观点，认为通证经济的发展将经历通证的证券化和证券的通证化两大阶段。而世界树科技网络公司对现实世界与虚拟世界的资产做了具体划分，并指明了哪些资产是通证化的主要对象。具体说来，其认为当前世界共有四种资产：一是原生的数字资产，类似于比特币；二是次原生的数字资产，不是因为区块链而产生的，比如电子票以及数字积分；三是可以上身份证的物理世界资产，比如步步鸡和钻石溯源项目；四是没有必要或者无法上身份证的物理世界资产，比如火柴或者一滴海水。其中所说的第三类资产，就是资产通证化的主要对象。

以步步鸡为例，它是众安保险旗下全资子公司众安科技推出的"区块链+"项目，它整合了养殖业、区块链、物联网、人工智能和防伪技术，保证每只鸡在从鸡苗到成鸡、从鸡场到餐桌的过程中，所有产生的数据都得到真实记录，从而实现了防伪溯源，为消费者提供更具信任感的食品。在开发了超过400个合作伙伴，建成了千余家标准养殖场，创造了十数亿元经济效益的基础上，步步鸡实现了资产通证化，通过将相关标准化设定写入智能合约，使每一只鸡对应一个通证，完成资产绑定，生成权益证明，从而实现在场景中低摩擦、无边界的流通。

很显然，"步步鸡+通证"是个一看就懂的模型，或者说它是一个公式，"步步鸡+通证"中的"步步鸡"可以替换成几乎任何一个领域的任何一个项目，它可以是汽车，可以是服装，可以是珠宝，可以是家具，可以是家教，可以和实体经济全方位联结，彼此助力。

4. 资产通证化面临的挑战

资产通证化是未来的趋势，我们可预见的未来是美好的，是令人向往的。但在现阶段，资产通证化还面临着诸如法律法规的完善、监管政策适用、标准制定及技术完善等问题。

有人说，主要是技术问题，也就是由于技术限制，现实中人们遭遇了相应的困境，比如隐私安全、效率效益、可扩展性等。然而技术并不是一个真正意义上的痛点，如果说是，也应该看到，相应的痛点恰恰是技术进步的动力，技术的发展就是来解决市场应用中的痛点。

真正的问题还是初心的问题。技术的问题一定程度上说只是研究者、工程师的问题，但我们面对的挑战往往是全社会的问题。技术痛点只要找到合适的角度，或者假以时日，就可以寻求到化解之道。但认知错误，特别是明知故犯的错误，却远不是技术工作者与理论研究者所能解决的，毕竟，你永远无法叫醒一个装睡的人。

笔者最近获知了一个案例：

受通证经济概念的影响，前些天，南方某连锁店品牌开始资产通证化，过程极其简单，就是发了个通证，然后能代替的都代替，甚至员工的部分工资都用通证代替了。比如原本该给员工发1万元薪水，通证化之后，就只给员工发5000元，剩下的5000元用通证来代替。

这是资产通证化吗？不是！显然，这与我们理解与倡导的资产通证化相去甚远。我们更希望看到的通证改造是：真正将企业资产、商品、服务通过区块链技术进行资产上链、交易上链、数据上链，让更多的参与者或节点都享受到社会生产关系的改变，让所有的持有者都享受到通证生态体系的红利。

也正是这些不尽如人意的案例，使得舆论与监管部门对STO看法不一。回顾人类历史发展过程，我们可以发现，任何一项新技术或新事物的产生，都要经历从混沌到健康的有序发展过程，大到宇宙天体，小到技术创新，无一例外。所以，政府相关监管部门要对新技术、新事物等制定相应的容错机制，积极推行沙盒监管政策，给新事物、新技术、新模式等创新提供更多的发展空间。

其实，STO带给人们的是远离空气币！STO就是有资产背书的ICO，目标就是在法律法规监管下实现首次通证发行。

在前面，我们曾经屡次提及 STO 与 ICO，后文还会有专章介绍二者的渊源与区别，这里也无妨道出其最为显著的不同，那就是前者有监管、后者无监管；前者有地位，后者无身份。在美国，STO 已经合法化，对它的监管与监管上市公司在本质上并无不同，一定程度上可以说监管更严，门槛更高，毕竟是新事物，并且在急剧发展变化之中。但是，目前在中国等国家 STO 还不合法，还没有将其纳入监管范围。而区块链是国际性的、全球化的。全球经济共同体作为一个有效构成的主体，不能仅仅局限于一城一地一国，只要能促进实体企业的发展，就可以在一些合法化的国家或地区来实践证券化通证。

我们发现，共识与重塑共识是关键。我们处在区块链发展史上的关键节点，如果我们选择继续相信技术改变生活，相信未来会产生我们无比向往的区块链文明，那么就会有更多的人加入区块链社区，做出各自的贡献。区块链技术实现了跨区域金融的发展，让企业融资由过去的区域化发展到全球化。

区块链技术的发展大大推动了区块链金融的发展，促进了"自金融"时代的到来；区块链技术改造了我们的社会组织形态，带来了新的生产关系，颠覆了存续 400 多年的股份制公司；区块链技术给人类最大的贡献是实现了社会生产关系中生产者信任的规模化，有利于全球经济协同发展，有望早日实现人类经济命运共同体。

5. 部分资产通证化案例与项目解析

总的来说，资产证券化是当下的事，资产通证化是未来的事。资产通证化发行是一个崭新的课题，全球范围内资产通证化项目还未能普及，这也是本书出版的现实意义——让更多的实体经济拥抱区块链，通过通证经济改造，从传统经济走向数字经济。

通证，是物理世界到数字世界的入口，未来的十年将会是数字经济的时代！

证券型通证首次发行（STO）实操

（1）tZERO项目STO实例分析

2018年10月13日，美国电商巨头Overstock旗下区块链平台tZERO完成了它的证券化通证发行（STO），这也是以太坊公有主网上第一例完成的STO案例。tZERO官方发给投资者的一封邮件中提到，该STO遵循了美国证券法，对其所有投资者进行了KYC/AML核实，并根据条例D和条例S的第506(c)条规则，得到登记豁免。

根据tZERO官网的信息显示，私募发行2500万个代币，每个代币的价格是10美元。符合ERC-20协议（基于以太坊技术），其STO最初设定的目标融资金额为2.5亿美元，但受密码货币市场大环境的影响，其最终融资金额还是打了个不小的折扣，实际仅为1.34亿美元。

① FORMD公开发布。

② 计划募资2.5亿美元。通过Regulation D，向美国投资者募资约7500万美元；通过Regulation S，向海外投资者募资5900万美元，共募资约1.34亿美元。募资对象920个，包括机构和个人；共销佣金1924027美元。香港的金沙江资本购买部分Token，同时对tZERO进行股权投资，投资额为2.7亿美元，现估值15亿美元。绿鞋期权5000万美元。

③ tZERO的两家承销商（BD牌照持有者）。一个是AMERICAS EXEC

UTIONS LLC，另一个是 FUSION ANALYTICS SECURITIES LLC。

④ 募资用途。募资将被用于：代币和代币交易系统的未来开发；进行战略性收购和投资的投入；为代币开发者开发功能性特性的支出；辅助性的技术、设施和人员等费用；法务开支；支付给母公司的应收货款；区块链技术和证券型代币的立法人员和监管机构的谈判费用，开发相关产品和服务的费用。

⑤ 代币回报。每个季度 tZERO 都会拿出调整后原始收入的 10%，支付给代币持有者。

⑥ 锚定资产。

a. 拥有两家通过 SEC、FINRA 认证的券商：Speed Route LLC 和 Pro Security LLC。

b. 拥有 Digital Locate Receiver 软件。

c. 拥有专有的路由技术服务。

d. 完善的交易基础设施。

e. 拥有一家自动化交易公司的股权。

该项目方在通知书中写道："我们利用 tZERO 通证合约（已通过严格的安全测试），将生成的通证放入到 tZERO 保管钱包中。您的通证已被发送到一个具有个人信息哈希（总共 1100 个）的独特地址中，即你的 tZERO 钱包。关于投资者的具体地址，我们将很快提供给您。您可以使用此地址，通过 Etherscan 进行查看……"

在 etherscan.io 中搜索，名为"TZERO PREFERRED"的 Token，无论是名称、创建时间，还是地址数量，都符合 tZERO 的通证。由于没有确切数据，我们就先以猜测的方式对其数据进行分析：该通证选择的通证标准是 ERC-20，总量设为 26228711，发行者地址为：0xd8ccbfcf6b4fd3d1ae85f8c0cc92c9170081d144，相关的地址数据显示为 1079 个；参与的投资者或机构约有 1079 位，平均每人（机构）投资 12.18 万美元，大机构占据多数份额。

表 2-12 就是排名前十的地址的参与金额信息。

表 2-12 排名前十地址的参与金额信息

名次	地址	金额（美元）	美元（以 10 美元成本计算）
第一名	0x135c70a836a3819afa8b257ee6ef345ef38f92d7	5577049	约合 5577 万美元
第二名	0xffd1bdc8da19bd5e69c6dd13b968d6b62fc4757b	3000000	约合 3000 万美元
第三名	0xcaa360acff40ad43bf3de82770097d93e3a4bf0	2000000	约合 2000 万美元
第四名	0x508275ea9abb3c7c701077fd182deeb0807484f7	1035826	约合 1035 万美元
第五名	0x3392a3fca23cb369333ef76821e4a26b7ea4f7ba	770004	约合 770 万美元
第六名	0x7bb769f039d9cf2191ff2c3b5f0b434430638e50	709800	约合 709.8 万美元
第七名	0xdee8e17f8bb16842dc06ae13377d87a3e28d0596	567937	约合 567.9 万美元
第八名	0xdd6a068cd692edd4c3d0ec0a7f279ff97b1b309b	454130	约合 454 万美元
第九名	0x9f9bb51c2d6bb7ba2f260e06392a2b2abd0ff616	433257	约合 433 万美元
第十名	0xdad1810247dcabbda674d6b3005034644d6d2eb4	381217	约合 381 万美元

数据显示：

位居 11~150 名的，投入 15 万~374 万美元，是"鲸鱼"投资者；

位居 150~450 名的，投入 2.5 万~15 万美元，是"中户"投资者；

位居 450~1079 名的，投入 1710~25000 美元，是"散户"投资者。

当然，这些投资者都是合格的，即使是"散户"投资者，身家也高达千万以上。

为了符合监管要求，这些通证于 2019 年 1 月 10 日（即发行后 90 天）解冻。目前，其主打产品称为 DLR 技术平台。

"DLR"的全称是"Digital Locate Receipt"，是传统证券卖空规则（简称 SHO 规则）locate 的数字化版本。tZERO 的 DLR 平台，能够捕捉到所有库存和审计跟踪信息，并将信息永久存储在专用的区块链上。

卖空者（用户）可以通过下面三种方式查看和购买 DLR：

① tZERO 的新交易门户网站。使用任意浏览器都可以查看，只要设定用户名和密码即可。

② 专有的固定 API。用户可以通过前端交易应用或 OMS，直接访问 tZERO 的"route"。

③ tZERO 的 Revo 产品。是 tZERO 自运营的一种交易应用。

tZERO DLR 平台会匹配存货供应者和用户的出价，在美国东部时间上午 8:30，平台会匹配相应的出价和报价，生成 DLR 交易报告；上午 8:30 到晚上 8:00，存货供应者和用户能在透明的环境中发布买价与卖价，实时交易 DLR。

tZERO 在白皮书中提到的产品还有：① speedroute 执行服务；② 用于美国股票的隔夜交易平台 blue ocean；③ 美国股票在线贴现交易；④ 顾问提供的咨询服务；⑤ 自身的交易平台和计划中的通证交易系统。其中，speedroute 执行服务的核心架构比较清晰，架构图如图 2-2 所示。

需要注意的是，目前 tZERO 项目依然对第一个产品 DLR 平台进行打磨。只不过暂时还没有公开 DLR 产品，因此我们也就无法对其进行测试。

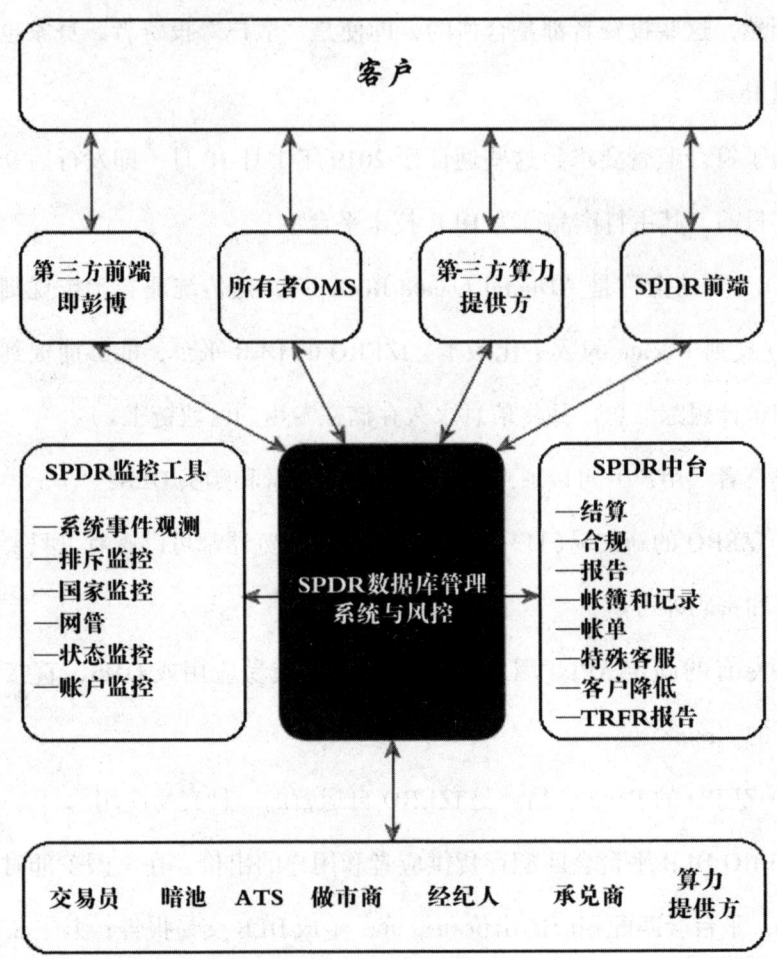

图 2-2 核心架构图

图 2-3 是 tZERO 项目 STO 的时间轴。

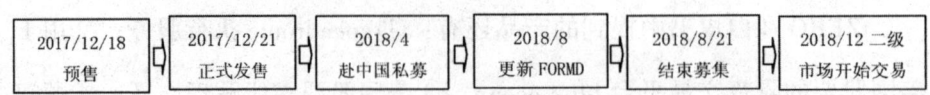

图 2-3 tZERO 项目 STO 的时间轴

如今，众多投资者都在关注他们的下一步动向，一旦走通了二级市场，包括交易规则、合规步骤、技术协议、KYC 方式等，tZERO 项目就会成为全球多数项目的标杆。

（2）全球首个地产项目 STO 实例分析

①背景介绍

2018年10月，位于纽约曼哈顿东村的一栋12个单元的建筑，参考了美国证券委员会对于中小企业的融资发行的豁免条款，通过通证化的方式在市场上进行融资，提高了大型资产的流动性。

这是第一个在以太坊上进行通证化并成功发行的大型地产项目，目前该物业的估值为3000多万美元，主要由传统金融公司与区块链创业公司（Propellr 与 Fluidity）进行设计和发行。

Propellr 的注册地在美国，是一家证券经纪商，在金融和资本市场有着丰富的经验；Fluidity 主要利用了交易终端 AirSwap。这种融资方式，减少了流程和时间，操作性更强，透明度更高。投资者可以在法币和加密资产之间进行交易，还可能出现合规的二级市场，不用缴纳任何交易费。

②合规与监管

本次地产通证化的过程与初次发行融资的区别主要体现在：从设计到发行，项目方都更加尊重和重视法律监管，都在用合法的方式提高可信度。

在美国，用加密资产的方式进行融资与交易，主要遵守的是证券交易委员会（SEC）的《Reg D》规则。为了让小公司便利地向特定投资者出售股权或债权的募集资金，《Reg D》设定了许多注册豁免权。《Reg D》的最新修订从2013年开始实施，仅在2016年通过《Reg D》募资的美国中小企业发行量就高达4.2万亿美元。虽然这些细则不是针对数字加密资产制定的，但依然是中小企业打开融资渠道的非强制性监管条款。

目前，为了通过合规途径发行加密通证，很多公司都进行了尝试，内容有：能否通过这种方式募集项目资金，减少成本，降低初始通证发行中的不确定性？能否将通证当作"证券"的另一种形式？

从该细则涉及的项目融资、发行与管理的操作方式可以看出，这次通证发行主要涉及证券融资的如下条例：

发行公司不能通过公开宣传或广告的方式来推销证券；证券购买者要进行合规投资者验证，投资者要具备足够的财务功底与投资风险识别能力；发行公司要按时向投资者披露项目相关文件信息，包括公司可审计的财务报表；此类证券在未注册情况下，发行后的6个月或1年之内不能出售。

值得注意的是：证券发行时符合细则的公司不用先向SEC进行登记，只要在首次出售后提交一份电子表格即可，内容包括：公司发起人、管理人员与项目细节，保证该表格可以在SEC的官网中进行查询。

当然，在区块链行业中，加密资产发行方通过此种方式募集资金，依然要考虑以下几个问题：

a. 证券型通证的发行和资金募集如何进行？从目前来看，通过SEC的《Reg D》规则发行，不用登记，但投资者换取的证券型通证在加密资产交易平台进行公开交易，不会得到监管认可。

b. 如何解决投资者的地域限制？加密资产的交易具有全球化特征，对于其他地点的投资者而言，美国的单一标准和监管方式可执行度较低，参考意义还不确定。

c. 区块链创业公司如何完整地披露信息？目前，多数区块链公司依然处于起步阶段，还没有出现传统意义上的标准化材料。

总体来说，通过美国SEC的某项条款来操作加密资产融资，目前依然可行。但美国资本市场是独立的、多样的和自由的，各州法律监管也不相同，并不能简单地将其当作受监管部门认可的融资手段。目前，项目和业内人士对合规道路的寻求，推进了各国加密资产的管理。

③操作流程

在首单的纽约房产证券通证化中,为了解决现实中固定资产产生的流动性和股权债权问题,Fluidity 设计了一个证券通证流动性优化框架——Two Token Water Fall,用两个不同的通证类别来替代股权和债权(A-Token 代表债务,B-Token 代表股权),涉及与资产交易相关的所有资本类别。

两种通证的价值总和,等于标的资产价格,相同的通证比例代表了资产的部分所有权。对于证券通证的持有者来说,一旦发生了交易事件,就会自动生成现金流,并根据通证类别自动流向债权收益(股权收益)。不同于传统证券,该种现金流的产生非常流动,不用等待特定的赎回时间;此外,借助股权和债权的特性,具体资产的资本化更加全面,投资者对资产持有更加多样化。

在实际操作中,股权类通证的持有者一般都是发行者,为了长时间地使用资金、降低成本,发行者需要以实际的业务利润优化分成。而债权类通证的持有者,不仅能够获得实际资产的抵押回报,资产价值还有上升空间,可以用更小额的资金投入证券通证,方式也更灵活,不会受到中间方或银行的限制。

④市场展望

目前,在以太坊上已经出现了众多创新性协议,便于满足加密资产的合规性要求。不管是投资者保护,还是通证化标记的底层资产,加密资产都要合乎法律的规定,因为只有这样才能打击洗钱行为,才能阻止金融系统内的犯罪活动。而区块链项目就能利用自己的技术特性,做到自动化合规,提高融资效率,扩大交易边界,便于实时监管。

如今,行业中的很多公司都在尝试建立自动化的证券通证合规标准,现举例如下。

表 2-13 自动化的证券通证合规标准

举例	说明
ERC-1400	规范 ERC-1400 标准，主要功能包括： 查询和验证交易的标准接口； 资产强制转移选项； 标准化的发行和赎回； 身份信息与持有者的绑定； 需要"签名"数据来验证链上交易等。 不仅可以提高证券通证的可信度，符合 ERC-20 和 ERC-777 标准，更能确保证券通证符合法规
S3	Open Finance Network 建立了证券通证标准框架，符合美国 SEC 证券类监管的 Reg S、Reg A$^+$ 和 RegD 该协议主要包括两个主要组件：一个是包含通证的认证表；另一个是包含通证的核心逻辑 智能合约 Token Front 只允许自己被另一个智能合约合同调用，分为两个阶段的清算和结算协议。该协议有固定的智能合约地址，只有注册机构指定的所有者，才能更新监管服务；还要求中央机构充当管理员，负责监管检查工作
R-Token	该协议由加密数字资产公司 Harbour 创建，是一种分布式自动化合规协议，共分为三部分，包括三个不同的智能合约。通常，实际的数字资产通证都建立在 ERC-20 标准上，借助其他两个智能合约的帮助，该协议能够更好地融入对通证本身的监管检查：创建通证的智能合约时，服务注册表会附加到通证中；进行资产转移前，通证会与服务注册机构进行核对，而服务注册机构则会将其映射到监管机构中。为了让双方根据其钱包地址转移金额，完成资产转移，监管机构中还融合了确切的合规性检查
DS Protocol	Securitize 平台之所以要确立 DS 协议，目的就是要让发行者、投资者和交易平台共同打造一项全生命周期的证券通证合规服务。该协议一共涉及三个服务：信任服务、注册服务和合规服务，不仅具备资产转移前检查功能，还能与 DS 协议集成，协助 Dapps 项目方为投资者进行合规投资者认证，更细致地查看投资者信息

目前，多数证券通证的合规协议都处于集成开发阶段，对加密资产的发行者和持有者进行了一定限制，满足了合规要求。多数协议都只在 ERC-20 通证接口的基础上添加了其他功能，在资产的转移检查、管理员的公开访问、问题账户的转移限制等方面，侧重于模块化和自动化，需要进一步完善。

总之，在区块链上，进行自动化的合规审核，明确身份概念，不仅能对合格投资者进行审核，进行反洗钱核查，还能迫使加密资产中涉及的各方严格遵守这种规则；完整的合规化系统，不仅可以保护投资者，还可以为证券通证从设计到退出提供便利。

（3）Rapidash：华人首个成功获美国SEC批准的STO项目

2018年10月12日，Rapidash获得美国证监会STO许可，是"华人首个美国证监会SEC批准的企业STO"项目，也是目前亚太区唯一的一个，在区块链行业产生了巨大反响。

Rapidash由多位留美博士归国共同创办，总部设在中国深圳，在美国、中国香港等地都设有分部。Rapidash主要为区块链项目提供分布式存储、分布式计算等解决方案。分布式云存储解决方案，采用分布式存储技术，利用非结构化数据的存储能力，解决了容量、性能等问题。同时，基于自动化运维平台，极大地降低了存储运维成本；将视频、音频、文件、照片等放在区块链上，安全系数更高，运行速度更快。

目前，全球约有3000个有效节点，分布在20个国家，存储总量为60PB，帮助用户打造了安全可靠、灵活高效、适用各类应用场景的云服务器。曾获得数百万美元天使投资，投资方为PLUTUSVC、循理资本等。

下面，我们对Rapidash作简要分析。

①潜力：自2000年以来，市场一直都在不断增长，未来分布式云存储将会迎来增长和发展的时代。

②性能：脆弱、高度集中、无效、过度依赖骨干网的协议；将Web去中心化，降低了中心组织的延展性，提高了所有站点的自由度和独立性。

③风险：容易遭受DDOS攻击，需要抵抗巨大的风险；即使服务器中

断,也会防止数据丢失。

④成本:将数据从中央数据中心分发的成本极高,如果不是为了满足成规模处理数据的需要,最好不用这种方法。同时,将 ISP 网络上的每台计算机变成流媒体 CDN,就能直接在 ISP 网络上下载,不用在 Internet 上大量传输,减少了数据传输的费用。

⑤产品服务:产品服务主要包括这样一些内容,如表 2-14 所示。

表 2-14 产品服务内容

服务	全称	特点
云服务器	Elastic Compute Cloud	该产品安全可靠,性价比高,能够为用户打造灵活高效、适用各类应用场景的弹性可扩容云服务器
对象存储	Simple Storage Service	可靠、易用、海量、安全、成本低,能够通过标准 API、SDK、控制台等,对海量数据进行管理
弹性数据库	Elastic Database	高度兼容 MySQL、支持水平拆分(分表)的高性能数据库,能够解决业务快速发展时的数据库性能瓶颈,便于客户更专注于业务发展
超级云盘	Elastic Block Storage	DC2 块级数据存储服务更持久、容量更大、更可靠,支持动态挂载、扩容、快照、回滚等功能,满足了数据存储的需求
负载均衡	Cloud Load Balancer	为客户提供安全快捷的流量分配服务,可以无缝提供分配应用程序流量所需的负载均衡容量,提高了应用程序的容错能力
区块链 DBaaS	Dake Block chain as a Service	基于强大的区块链技术和云技术能力,不仅向用户提供基础"链",还提供区块链底层系统、SDK、浏览器、运维平台等配套工具产品及服务,让区块链成功落地

(4) Maecenas 艺术品 STO 实例分析

Maecenas 是一家艺术作品通证化平台,利用区块链技术和通证经济思维,将资本市场高效、流通的特点带入艺术品市场。该平台既提供实时市场反馈,也提供初级市场及次级市场,投资者能够部分地拥有可实时交易的艺术品,如表2-15所示。即使是艺术珍品，投资者也能通过购买相应份额的通证获得部分股权。

Maecenas使用区块链技术公开交易，即使是天价艺术品，也能够像流通金融产品一样进行实时交易。尽管交易双方需要支付一定的费用，投资者支付2%，创作者支付6%，但相对拍卖行动辄高达30%的收费，依然低廉很多。另外，在这个平台上，收藏家只要将珍藏的49%登记在册，就不会失去艺术品的所有权，同时还能获得资金。

1980年美国知名视觉艺术家安迪·沃霍尔创作了绘画作品《14把小电椅》，该部作品是第一件被Maecenas通证化的艺术作品，也是全球首个用区块链智能合约竞拍的艺术品。目前，估值为560万美元，竞拍中加密货币资金约为170万美元，占竞拍总额的31.5%，投资者可以通过区块链购买该作品部分所有权的通证。

表2-15 欧美市场部分STO（ST）案例

项目名称	国家	简介
Tzero	美国	第一个以太坊交易所STO项目
Aspen Coin	美国	第一个地产STO项目
Rapidash	美国	IPFS基础网络建设，基于原有HTTP网络生态系统进行改造升级
Maecenas	美国	艺术品市场通证投资平台
Property Coin	美国	房地产产权代币
Stice	美国	向跨境投资者的商业房地产投资平台
Lottery.com	美国	移动互联网平台的博彩项目
NEXO	欧洲	一个去中心化的借贷平台
Mint Health	美国	一家医改保健区块链公司

2018年10月20日，美国证券交易委员会（SEC）前主席Christopher Cox表示："美国政府支持加密货币和区块链应用提高效率，坚决反对把加密货币作为洗钱工具。合规的STO是政府支持的，希望有更多托管提供方

加入，为机构提供入场支持。"

2018年11月1日，香港证监会行政总裁欧达礼在声明中透露了两点信息："虚拟货币相关基金和销售平台，只能向专业投资者销售，需要在香港证监会注册；在沙盒实验验证可行性后，香港证监会有可能向加密货币交易所颁发牌照。"从监管层面来说，这一举措直接起到"破冰"的示范效应，推动了STO（Security Token Offering）等虚拟货币监管政策的成熟。

2018年12月1日，在"2018年中国企业领袖年会"上，北京市金融监督管理局局长霍学文告诫STO从业者：

如果在北京开展STO活动，政府会将其当作非法金融活动予以驱离。不仅如此，在中国境内的其他省市，还没有出现对STO合法性的认定和管理。但是STO的融资需求依然存在。

目前，许多中国企业试图通过STO方式到海外融资，如何依法合规进行是关键。对于这部分潜在市场，STO应该严格依据发行国和被募资国的法律进行。当前，最成熟的STO模式在美国。美国STO依据的法律是美国证券法的豁免条款（RegA/D/S），虽然其融资行为在美国合法合规，但也需要遵循被融资人所在国的法律。

另外，计划进行STO募资的项目还要严格在律师的专业指导下进行STO融资。如果公司的非注册地在美国，在律师的帮助下，到美国依法备案，通过发行证券型通证的方式募集海外资金，完全合法。当然，如果项目在中国境内假借"STO"之名，直接向中国投资者进行融资，法律是不容许的。

杨锦炎进一步表示：

区块链行业真正要警惕的风险是：借STO之名，行ICO之实，直接在中国融资，涉嫌非法集资。

tZERO 是以太坊公有主网上第一例完成的 STO 案例。

2018年10月13日，区块链平台 tZERO 完成了证券化通证发行（STO）。该项目的 STO 发行，不仅遵循了《美国证券法》，还根据美国 SEC 的 RegD 和 RegS，获得了登记豁免。

到目前为止，这是合规落地的 STO 案例。

EVAIO 要做的 STO，具体的操作方式还没有先例，主要原因在于：

①判定 Token 是否属于证券需要经过豪威测试。

②要想将投资的这部分股权化作 STO，不仅需要获得对方董事会的同意，还要遵循公司注册地和发行地的立法，执行起来非常困难。

③RegD 与 RegS 并不专门为 STO 而设，也不是获得美国 SEC 的 RegD 和 RegS 豁免注册的公司发行的 ST，才叫作 STO。可是，美国率先以这种方式承认了 tZERO 的 STO，相信其他国家及公司多半也会陆续效仿。从长远来看，各国 STO 的做法、流程和规定都不会出现明显差别。

④STO 项目都要经过私募阶段，之后通过某个交易所的规定，进入二级市场。在私募阶段，STO 项目首先要符合运营地、注册地、ST 的发行地、交易地所在地区的证券法要求；私募面向的必须是合格投资者，各国的私募还有一定的人数限制。简而言之，在私募阶段，必须满足两个条件：一是找到合适的律师事务所去做合规，二是项目得到投资者的认可。

表2-16是美国 SEC 对不同豁免注册条例进行的对比。

表 2-16 美国 SEC 对不同豁免注册条例进行的对比

主要条例	Reg D		Reg A		Reg S
	506(b)	506(c)	第一层	第二层	
发行主体（国别）	无限制	无限制	无限制	无限制	美国或加拿大公司
资金限制	无	无	2000万美金	5000万美金	无
证券类型限制	无	无	不支持资产支持证券		无
是否需要 SEC 审批	否	否	是	是	否
备案审核	发行前或首次发行15日内向SEC备案		向 SEC 报备，并获得审批		无要求
是否需要所在州注册	否	否	是	否	否
禁售期	6个月或1年		无	无	有
投资者限制	合格投资人无限制；非合格投资人最多35位	只允许合格投资人，数量无限制	允许合格投资者，或投资金额受限的非合格投资者		美国以外的投资者
宣传推广	不允许	允许			无要求
披露文件要求	无要求		需提供发行公告，发行额高于2000万需要提供审计报告，低于2000万提供非审计报告		无要求
持续披露要求	无要求		无要求		需提交报告
二级市场要求	持 ATS 拍照交易平台		持 ATS 拍照交易平台		无要求

记住：任何 STO 项目都不会在将自己的全部资产或股权 Token 化后，进行对外出售。STO 项目只能把部分股权 Token 化后进行融资，其他部分则由创始人、早期的团队成员和投资者持有。所以，从理论上来说，进行 STO 的公司是无法同时售出 Token 的，但能通过市场溢价获得收益。只不过，在实际的操作过程中，STO 项目方必须先向公众披露 ST 的发行量、留存量、分配细则以及后续的增发量（或减发量）。

第二部分 通证经济与实体经济

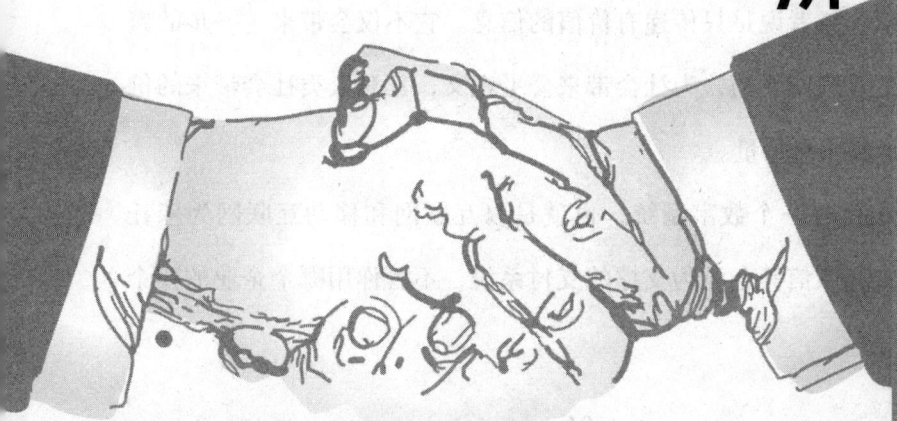

一、通证：区块链底层技术的最大应用

1. 农业文明、工业文明和数据文明

按照美国学者、著名未来学大师阿尔温·托夫勒（Alvin Toffler）的说法，人类一共经历了三次浪潮式的文明：第一次是农业文明，第二次是工业文明，第三次就是我们现在正在经历的信息革命——数据文明。农业文明历时几千年，主要解决衣食、饱暖和生存问题。工业文明仅400年历史，却极大地推动了物质文明的发展。当前的数据文明，也可以称为信息文明、科技文明等，不管称呼是什么，不可否认的是，它是以数字化为驱动的。它给我们带来的变化，有目共睹。它未来还会带来哪些变化，难以想象。

回溯历史，我们又可以把发展到现在的整个数字化进程大致划分为四个阶段，分别是PC阶段、互联网阶段、移动互联网阶段（智能手机）以及区块链阶段。区块链技术的不同寻常，在于它直接把人们从信息自由传递时代带入了价值高速传递时代。从PC本地一直到PC互联，再到移动互联，始终都只是信息的传输而已。但价值互联网建立在它们之上，传递信息也传递价值，或者说是只传递有价值的信息。它不仅会带来进一步的繁荣，还会滋生互联网文明，为社会带来公平正义，其对人类社会带来的价值和远景，显然不可估量。

我们现在就有一个数字系统，也就是以互联网和移动互联网为依托的、以支付宝和微信等企业为支撑的支付系统，不管你用哪个企业的哪个

系统，相应企业都会给你创建一个专属于你的数字身份，然后你可以往里面放钱，成为你的数字资产。这很方便，只要带着一部手机，很多事情都能搞定，而且方便快捷。然而，这个数字身份和数字资产的最终控制权却不在你，而在诸如支付宝、微信等平台上。或多或少，人们都会有些担心。区块链的问世，可以让用户拥有真正意义上的数字身份，那是由个人持有且任何其他人和机构都无法篡改的。这样，人们持有的资产才有保障。

当然，这只是其一。在确保安全的前提下，未来区块链技术还将极大地方便我们的生活。举个例子：

以前人们要登记自己的资产如房产时，需要到房产部门，排队，轮候，三番五次，累月成年。房子是大事，或许不成问题。但有些资产没法登记，比如，如果桌子也要登记，椅子也要登记，就会记不过来。而在未来，但凡有价值的东西，都可以上链登记。任何属于你的东西，事无巨细，大大小小，皆可入册，随时查询。

不仅如此，未来区块链会链接所有现实经济与数字资产，金融、医疗、教学、档案、司法、版权、人工智能、物联网、家庭娱乐、生老病死，最终都会无缝对接。这个过程肯定不会发生在朝夕之间，因为它不仅关乎技术，还关乎观念和整个社会的构成形态，但我们坚信：它迟早会成为事实，成为我们日常生活的一部分。

2. 从信息互联网到价值互联网

此前，曾有过"区块链万能论"与"区块链无用论"，或者"无币区块链"与"有币区块链"的争议。

在持"区块链无用论"的人当中，有些人保持这样一种逻辑：离开了通证，区块链与我们自身没有太多价值。因为区块链技术本身缺乏炒点，只不过是一个以特殊方式加密的公共数据库罢了，纵然有用，对公众又有多大吸引力呢？肯定不如房子、股票等让人容易接受。之所以有很多人为之狂热，主要原因是通过持有通证即炒币，可以让人们投资赚取高额回报。然而，区块链本身并不缺乏价值，互联网实现了信息的传递，而区块链实现了价值的传递，通证是自带价值的，通证是区块链的灵魂，所以有的人形容区块链是价值互联网。

区块链的重要性，从各国政府都大力投入人力物力去研究它可见一斑。而通证，自从它问世那天起，就意味着区块链最大的应用已经落地。这是因为，它承载着价值的量化互联。

区块链是在互联网技术上的一种创新应用，但不是互联网2.0，而是一种交叉性技术，跨越了多个基础学科。它们的相同之处在于本质上都是一种传输协议，互联网是信息的传输协议，实现了信息的高效传输；区块链则是价值的传输协议，通过通证实现了价值的量化互联。

众所周知，区块链的本质是加密的数字通证，但如果不进一步被用作价值的传输协议，那么它依然没多大意义。而因为有了通证，它忽然变得意义重大起来。首先，它是所有人都信任的凭证，不可篡改、可以交易、转让，同时不可销毁，不可逆。其次，它是价值的代表，并且只代表真实的价值。之前的ICO仅仅是区块链行业发展的序幕，由于它不对应价值，因此没有资产、商品及服务背书。

什么是价值？有形资产具有价值，无形资产也具有价值；商业模式具有价值，信息数据也具有价值，土地、房子、版权、服务、能力、才艺……你能想到的都具有价值，都可以量化为相应的通证。比如数据，特别是大数据。

互联网时代，我们是数据的贡献者，但是我们的数据却掌握在数据寡头企业手上，如果想使用自己的数据，还要向他们支付费用！而区块链时代，每个人都是数据区块的贡献者，也是数据区块权益的享有者，这样，更加有利于分享贡献数据，更能形成强大的数据体系，从而实现真正的价值传递。

未来，区块链与通证经济会突破所有的障碍，随着5G技术的成熟和广泛应用、互联网与物联网的高度发达，推动万物产生数据，万事产生收益，而现在人们正处在从信息互联网向价值互联网过渡的伟大时代。互联网是个信息聚合大平台，相应的信息固然有其价值，但信息太多，也会让人葬身于垃圾信息的汪洋大海。未来，相应的垃圾会越来越少，因为发垃圾信息需要付出通证；会有更多的"清流"，因为只有在触发相应智能合约时，才流向相应的人。

3. 通证将重塑价值流转体系

通证映射一切物理世界的资产和价值，在之前，我们了解到的通证并不一定代表价值。ICO发行的也是通证，是一种没有资产、商品及服务背书的通证，是空气币。它们被淘汰，说明了没有价值的通证行不通，但它们被淘汰的过程本身也是在为通证经济及整个社会价值流转体系进行试错，凡事存在都有它的意义，我们的认知也是在不断试错与纠偏过程中不断走向成熟和完善。

通证是区块链的灵魂，区块链不能脱离通证存在并运转。而通证激励机制设计又是通证的核心要素，通证激励机制设计的好坏直接影响着通证流通体系。

没有博弈，便没有想象空间，就不会有兴趣；没有利益驱动，谁也不会主动，这是人性使然，也是哲学范畴所涉及的博弈论，因此要想调动大众的积极性，就要多些博弈和利益驱动。当区块链真正形成气候时，就算现在持不屑态度的人也会加入其中。这就像汽车问世之初，世人多不理解，认定汽车就是更好的马车，但实质是两种不同的交通工具，而且两者有本质上的区别。汽车终究成了主流，马车则成了可有可无的存在。

随着汽车的普及，整个交通体系也被重塑了。而通证的问世，将重塑整个价值流转体系。那么，什么是价值流转体系？

我们先来看看货币流转体系。以咖啡为例，种植户种植咖啡，咖啡店从种植户手里买进咖啡豆并提供服务，消费者再从咖啡店买咖啡。咖啡店买进咖啡豆再售出咖啡的过程中，货币发生了流转。如果咖啡店以非常低的价格买进咖啡豆，然后以高价销售给消费者，那么货币会不断地向咖啡店积聚。这样一来，因为咖啡豆售价较低，咖啡种植户所能支付的人力及服务费用也会随之降低。最后，这些被雇用者由于所获取的报酬变少，咖啡种植户随之就会出现人手减少，然后咖啡就会减产，产量少了咖啡豆价格自然会提升上来，如此循环往复。

（1）通证的价值构成

当然，要想研究通证的价值流转体系，还要了解通证的价值构成。笔者认为，通证主要有以下四大价值：

①数据价值。通证是一种基于区块链技术的具体应用，相当于数字身份证。每位持有通证的个体都需要KYC身份认证，持有通证的过程相当于

给每位用户发放了一张数字身份证，能够较过去更加精准地对用户进行定位和画像。积淀下来的数据，会具备一定价值，构成通证的数据价值。

②交易价值。通证是一种权益证明，在不远的将来，人类所有的财富都可能通过数字通证来承载。一旦人类的日常生活要通过通证进行流通，流通的过程也就成了交易的过程。没有流通就没有交易，没有交易就没有价值，通证是交易的承载，更是权益的承载，交易能够产生价值。

③资产价值。通证是区块链技术与实体经济相结合的产物。所谓通证经济改造就是，将实体企业的资产、商品及服务通过区块链技术通证化，让每个通证背后都映射出资产、商品及服务，真正让通证具有价值，杜绝空气项目存在。

④投资价值。通证具有流通性、权益性、资产性等，通证本身自然也就具备了投资属性。到目前为止，全球针对通证的属性问题主要集中在两个方面：商品属性和证券属性。

国家的法律法规监管政策都是围绕对通证的属性划分而量身定制的，不管各国如何划分通证属性，通证都具有一定的投资价值。比如，传统投资领域，商品属性的投资品类可以归集为大宗商品交易，并在全球范围内设立大宗商品交易所；证券属性的投资品类，可以归集为证券期货交易，在各国设立证券期货交易所，为广大投资者提供流动性。未来，通证必然会在全球数字资产交易所中进行流通交易，接受全球投资者投资，这构成了通证的投资价值。

笔者认为，区块链技术改造下的通证经济会促进区块链金融的高速发展，区块链金融的发展势必引领新虚拟经济时代的到来。在未来的数字金融投资领域中，传统金融的大宗商品、股票、基金、债券等产品将被通证所取代。另外,通证经济在重塑企业价值方面具有重要意义,还能帮助中小企业走出当前的困境。

(2)通证经济对于中小企业的意义

通证经济对于普通企业尤其是中小企业的价值,通常都会在这几个方面发挥出重要作用:融资难、吸引人才难、品牌推广成本高、获客成本高、构建上下游生态门槛高、成本高等。"区块链+传统行业",不仅能推动区块链技术的健康快速发展,还会推动中小企业的转型升级,最终带来巨大的社会效益和经济效益。

①中小企业大多面临融资难。中小企业一般都不具备资金实力和资信,银行一般都不愿意贷款给他们,多数中小企业只能通过高息民间借贷来解决资金周转的问题。此外,VC等股权融资方式,不仅艰难、低效,还要面临丧失股权的风险,理论上确实不明智。但是,借助区块链技术来解决,就会容易很多。企业只要发行一个算法信任背书的Token,就能进行筹集资金,既不用借债,也不用牺牲股权,便可以很好地解决企业融资难的问题。

②中小企业吸引人才难。用发行通证的方式来激励员工,可以缩小中小企业和大型企业在招募人才实力的差距。在后互联网时代,人才的竞争是业务竞争中非常重要的一环,而通证经济将给中小企业带来吸引人才、留住人才的机会。

③中小企业推广产品、树立品牌面临的成本高。目前说,整个市场都被互联网巨头垄断流量,中小企业要想推广产品或树立品牌,就要被动付出高昂的流量税。但借助通证经济,就可以很好地解决这个问题。也就是说,可以基于社群经济,通过开源社区、用户社区来聚集受众,绕过互联

网的流量平台,建立更"去中心"的生态体系。

④中小企业获客成本高,留住客户难。通证可以拉近客户距离,增强客户黏度。这种方式不仅能降低消费成本,还能为客户带来方便的体验,并给客户更多的激励。

⑤中小企业构建上下游生态门槛高、成本高。利用通证,就可以在中小企业的供应链上流通,优化供应链流程,提升供应链效率,最终构建一个良好的供应链信息流、商流、价值流的闭环。

当然,通证不仅能解决中小企业困境,还可以对常规企业的很多方面进行挖掘和利用。比如,在公司治理方面,审计合规、优化流程以及提升组织效率方面都有巨大的潜力可挖掘。未来也可以和人工智能结合,产生很多新型的组织形式。通过"区块链+传统行业",既可以推动区块链技术的健康快速发展,也可以促进企业价值的重塑,提高企业的社会效益和经济效益。

(3)通证带来实体经济的升级

综合国内外形势来看,如今即将迎来一场新的区块链技术革命浪潮,只要抓住机会,抓住新的技术应用,不仅金融领域,还有非金融领域应用,就都能促进企业进一步改革,促进实体经济的发展。仅就目前来看,集团内部、供应链、上下游企业之间联盟链的应用,包括农业农产品溯源、食品安全、保险以及互助保障,都是很大的痛点。此外,能源、医疗、电子存证、工商登记等领域也有很大机会。

如今,大批传统主流经济力量已经进入区块链,他们更严谨、更成熟、眼光更长远、更有资源,可以坐实通证背后的价值。未来,就要把通证充分利用起来。

通证为什么重要？为什么通证可能引发实体经济的又一次大升级？这主要有以下几个方面的原因：

①供给侧问题。通证的供给可以充分实现市场化和高自由，任何人、任何组织、任何机构都可以使用自己的资源和能力来发行权益证明；而且，通证一般都运行在区块链上，可以随时验证，可以追溯，可以交换，有着极高的安全性、可信性和可靠性。

②流通速度问题。众所周知，区块链上的通证能够更快地流转，远超过去的卡、券、积分或票。而且，合理利用密码学，这种流转和交易会变得更加可靠，以往存在的纠纷或摩擦问题就会成百上千地降低。互联网经济时代，衡量国家、城市发达程度的重要的指标就是网络流量；在"互联网+"时代，通证的总流通速度是最重要的经济衡量指标之一。当人和组织的各种通证都在急速流转、交易的时候，生产和生活方式必然会发生改变。

③价格发现。通证可以高速流转和交易，其价格更容易在市场上获得迅速的确定。相比今天的市场价格信号，其灵敏和精细程度可以高出更多，甚至达到几百几千倍，最终把有效市场甚至完美市场推到每一个微观领域中。

④通证应用。这是一项非常有前景的应用。就智能合约的应用来说，它提供了一种新的创新机遇，可以引发出多种创新，甚至掀起一场创新浪潮，而它所带来的革命性改变甚至有可能远超过去计算机和互联网时代的总和。

如此，我们完全有理由相信，在不久的将来，通证将成为市场经济大升级的关键，并对实体经济产生巨大且本质的推动，通证经济也会带来全球经济的下一场风暴！

二、区块链背后的经济学理论

在前面的章节中,我们已经渐次提到过一些与区块链技术和思维相关的经济学原理,这里再作进一步延展。

1. 哈耶克与《货币的非国家化》

作为新自由主义的代表人物,诺贝尔经济学奖获得者,哈耶克著述颇丰,《货币的非国家化》是他晚年的最后一本经济学专著。货币究竟能否非国家化?这在现在已经不是能不能的问题,它已经是个事实。比如比特币,虽然大多数政府并不承认它,然而它确实存在,并且从一开始就是全球化的,随时都可以交易,兑换成美元或其他国家法定货币。从某种意义上说,比特币就相当于超级货币。这不仅能降低传统纸币制造和流通成本,强化央行反欺诈、反洗钱、反假币等职能,还能打造全新的支付体系,助力普惠金融,抢占贸易战先机,完善现有支付体系,最重要的是将挑战法定货币的生存空间。

笔者认为,比特币终究不会成为全球公认的法定数字货币,因为货币是主权国家的象征。综合考虑比特币现有技术等因素,作为区块链信仰,它是成功的;但作为区块链支付功能,它是失败的。所以,比特币是一种特殊商品。

另外,笔者认为,未来全球主权国家的货币体系将是各国发行各自的法定数字货币,即法币代币。同时,法币代币之外的数字通证都是商业代币,而商业代币又细分为:商品代币、企业代币、行业代币等(见图3-1)

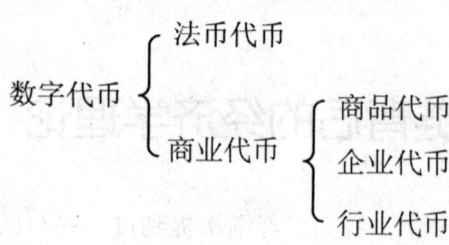

图 3-1 数字货币分类

同时，在未来数字时代国际贸易中，跨境支付特别是数据资产化中还有一个不得不探索的概念就是"稳定币"。

稳定币，作为数字经济领域的价值衡量标尺，其探索从来没有停歇过。2014年有人提出了锚定法币，2016年有人提出了锚定商品，2018年8月，当美国纽约金融服务局（NYDFS）批准了美国交易所Gemini和区块链创业公司Paxos的申请时，GUSD和PAX两个美元稳定币出台，这体现出监管者的态度既积极也慎重。2019年Facebook推出稳定币Libra的构想也引起全球热议。

当下由美国纽约Appeal信托公司率先推出稳定币AUSD，除了必须解决上述相关稳定币的价值稳定性及实用性之外，Appeal公司决心开拓数据资产本位制，即在"数据资产确权、数据收益和价值确认"领域作更多的探索，故AUSD应运而生。Appeal公司区块链专家团队赋予AUSD更加完备的价值锚定设计，让AUSD成为一个在数字经济时代具备引领性的"数据资产本位制"标准制定者及推动者。

"数据资产确权、数据收益和价值确认"是数字经济时代人们财富分配的度量衡，是将原先无主数据变成有主的生产资料，是一场人类社会必然引爆的颠覆性的新型生产力与生产关系的变革运动。我们要运用以区块链技术为核心的数字技术改变传统经济的生产关系，让所有对数据创造、加工、传播等有贡献的数据工作者对其贡献进行数据确权，让他们享有对其数据的所有权、收益权、经营权等权益。改变传统世界数据汇聚平台成为大数据唯一受益者的格局，我们要让所有数据的贡献者成为数据的受益者，通过数据确权及计价让数据成为一种资产，从而形成我们新的生产力。

当下面对数字技术的高速发展，各国都十分重视新技术对传统经济体系的改造，未来各国政府层面发行的法定数字货币（法币代币）将重新构造一个新的全球经济体系。AUSD 在实践上，确实锚定了"一揽子货币组合"，但 AUSD 的定位并不在于获取货币地位，而是联通数据资产与法定货币的通道。AUSD 让数据资产的确权、确价成为可能，同时实现数据资产确权、确价、锚定、流动。AUSD 通过数字资产全球通卡（简称 U 卡）联通数字世界与物理世界，AUSD 将成为全球数据资产价值指数变动的衡量单位。

2. 马克思与《资本论》

如前所述，有史以来，所有商业企业都陷入一种道德困境，天然地有着与生产者及消费者利益的冲突。工业革命初期的企业是这样，现在的企业也是这样。企业在早期的时候，可以让消费者享受到很好的让利，但一旦它成长壮大，走向寡头，便意味着涨价。区块链的魅力在于，它能让消费者做甲方，成为真正意义上的上帝，重新分配原来只能属于投资者或股东的权益。《资本论》的关注点看似是资本，但实际上是资本与人力结合后创造的剩余价值的分配问题。有再多资本，没有人参与，也无法创造价值。以往人们说人首先是消费者，殊不知在这个过剩时代，消费本身也在创造着价值。这是对生产力关系的时代诠释，也符合《资本论》的意旨。

3. 凯恩斯与《就业、利息和货币通论》

凯恩斯创立的宏观经济学、弗洛伊德创立的精神分析法和爱因斯坦发现的相对论被合称为20世纪人类知识界三大革命。与此同时，《就业、利息和货币通论》也与马克思的《资本论》和亚当·斯密的《国富论》被合称为资本主义世界三大经典经济学理论。

宏观经济学最关注的问题就是就业问题，就业问题的背后则是失业问题，以及失业后的游荡问题。这里存在着一个三难问题，那就是"你不救济，他就游荡""你游荡，他就不救济"以及"你救济了，他也游荡"。这不是学术问题，而是社会本身的问题。一味追求有效性与整齐划一，反而会带来更大的问题。不过，在与区块链技术的结合下，这种问题以及各种社会问题在未来可望得到有效解决或改善。

此外，我们还可以找出区块链技术与物权法、流通经济学等经济学理念、法律之间的千丝万缕的逻辑关系，简单来说，前者负责用来明确物的归属，后者在此基础上促进物的流转。比如甲有一部豪车，与乙的房屋价值相当，二人认为互换一下对彼此都好，于是达成互换意愿，双方只需互发一笔通证交易到对方指定地址即可。整个过程中通证的出现，只是对相应的物进行所有权的确认，然后便可以通过以物易物的方式进行价值流转。

三、区块链技术与高新技术

科学技术是第一生产力。区块链不仅本身就是高科技,同时也是一种足以推动很多高新技术发展的技术。有人说区块链将引发第四次工业革命。确切地说,在未来,它会结合更多技术,包括大数据、AI、物联网、云计算、5G及其他日新月异的技术,共同改变我们这个世界。以公众最为瞩目的AI,也就是人工智能领域来说,区块链可以促成弱人工智能向强人工智能的转换。其实它不是什么新词,早在1956年,约翰·麦卡锡就提出了"人工智能(Artificial Intelligence)"这个词,他也因此被称为"人工智能之父"。但这位先驱曾经吐槽说:"一旦一样东西用人工智能实现了,人们就不再叫它人工智能了。"只有真正了解人工智能的人才能理解这句话。因为弱人工智能几乎是与计算机的发明同时开始的。计算机算不算人工智能?即使大家认为很勉强,但必须承认它是人工智能的雏形。

我们大体上可以将人工智能划分为三代,即弱人工智能、强人工智能、超人工智能。弱人工智能是指相应的机器只专注于完成某个特定的任务,例如语音识别、图像识别和翻译,是擅长单个方面的人工智能,但发展程度并没有达到模拟人脑思维的程度,所以弱人工智能仍属"工具"范畴,与传统的"产品"在本质上并无区别。

以战胜了象棋世界冠军的人工智能AlphaGo为例,它看起来很强大,但只会下象棋,如果问它怎样更好地在硬盘上储存数据,它便无法回答。换言之,它并不真正拥有普遍意义上的智能,也没有自主意识。

人们普遍意识中的人工智能，属强人工智能范畴，甚至达到了超人工智能阶段，这主要是受科幻小说与电影影响。强人工智能属于人类级别的人工智能，它们是标准的机器人，人类能干的脑力活儿它们都能胜任，包括思考、计划、解决问题、抽象思维、理解复杂理念、快速学习和从经验中学习等，而且和人类一样得心应手。有人甚至担心，由于能像人类一样独立思考和决策，它们未来还有可能像人类一样产生厌学心理，或者不求上进。

超人工智能则是科幻影片中的那些主人公，很显然我们目前还做不到，事实上目前我们连强人工智能都做不到。但是，相关防范却早就开始了，区块链的应用点就在此处。

以著名的机器人索菲亚为例，她可以做几乎完美的访谈，能像知名学者一样概述人工智能的目标是让世界变得更美好，但这是因为她此前一直在被动学相关知识。机器如果能学好，那同样也能学坏。万一机器只学坏、不学好，那怎么办？万一掌握了机器人的大公司有野心怎么办？在之前，这个问题是无解的。区块链技术恰好可以消除这种不良情况，因为区块链的主要功能之一就是提高数据质量，另一特性是去中心化，对接人工智能后，前者能保证机器尽可能学习好的知识，后者则可以帮助公众从少数大型科技公司手中抢夺控制权，从而更好地使人工智能造福于民众。所以，从某种意义上说，区块链技术是对过去人工智能的一次纠偏，让现有的高新技术重新回归到对人类发展有益的轨道上来！

四、区块链技术、通证经济与新零售

在区块链技术、通证经济火爆的同时,还有另一个新概念横空出世,它就是新零售。所谓新零售,是相对于传统零售而言的。十年之后的零售模式是什么样的?马云也说不准,但可以肯定,十年以后零售业依然会存在,依然不可或缺。

其实所谓新零售,就是融合线上和线下,打通数据和营销体系,采用技术手段,寻找更深的关系链,产生更高效的交易。这里面有明显的区块链思维。而"区块链+新零售"不仅仅是新经济的风口,它不是简单的联姻关系,而是一种必然。相关调查也表明,无论是专业人士还是普通消费者,均认为区块链技术将在未来产生重大影响,而受影响力度最大的行业,就是零售业。

现在是电商时代,电商这种新事物一度引发线上商业的繁荣,但如今传统电商无论是流量增长,还是存量客户转化方面,都面临着瓶颈。未来,以区块链技术、通证经济为出发点的新技术会诞生,将破解这些瓶颈,为电子商务发展注入蓬勃活力。具体说来表现在以下几个方面:

1. 营销环境

电商时代的到来,最明显的标志就是创造消费需求和习惯。很明显各类购物节多了,什么"双11购物节""双12",等等,你方唱罢我登场,其背后是电商之间的竞争日益白热化,种种营销手段也被各大电商应用得淋漓尽致。但是这些营销手段存在一定问题。比如,信誉的真实性问题。

提高卖家信誉是电子商务营销必不可少的手段之一。但是，在虚拟网络中信誉的真实性很难保证。除了一大部分用户担心商家的报复，一般都会给予较高的等级评定外，有些商家会通过赠送额外商品或小额返现的方式，博取违背买家意愿的评语。而少数恶意卖家甚至会通过注册大量虚假客户或者盗用客户信息，在自家网店内进行信誉评定。除信誉不够真实外，电子商务平台中的商品推荐系统也常是虚假信息的聚集地。首先，推荐系统数据源的真实性难有保证；再者，有些平台还存在着平台和卖家的利益勾结，处于中心管理地位的平台完全可以更改某个商家的产品在推荐系统中的位置。由此，种种因素导致的信息不准确已经让电子商务营销逐渐趋于形式化。

运用区块链技术，可以对现有的信誉系统和推荐系统的不足之处进行优化，保证系统数据的准确性，并提高系统的实用性。用户的消费体验数据存储在区块链上，防篡改，可追溯；并且去中心化的结构使每个节点具有了自治能力，为用户的如实评价创造了环境。更重要的是，在区块链基础上配合同态加密与环签名等技术，能有效保证客户隐私并提升客户识别的效率，从而让营销具有公开化、高效性、合理性和联动性，进而形成新的商业信任关系，建立新商业文明。

2. 去中心化交易

一度借助微信、QQ等移动社交工具，去中心化的点到点的电子商务模式曾凭借其成本低、速度快等特点，一定程度上实现了生产者经济效用最大化和消费者性价比的最优化。但由于不存在类似第三方的信誉保证，去中心化很难付诸实施，只能搁浅。而区块链却可以推进相应变革，实现完全意义上的自由贸易，不产生交易成本，也没有人能审查交易双方及交易过程，消费者因此不用担心个人信息被泄露和滥用，商家也不用再担心自己的客户资源受控于第三方。加之整个交易过程公开透明，全程都记录在区块链中，一旦有用户发现非法交易或者售卖假货，马上就能举报执法部门，相关部门很容易取证并进行惩罚处理，从而更好地维护消费者权益。

3. 在线支付系统的升级

区块链支付的出现撼动了中心化支付模式，相对于网银支付和第三方支付来说，一旦实现了真正意义上的去中心化，便会带来更高效的支付体验。它能让参与者分享实时账本，并采用去信任的共识机制验证交易的真实性，由于不需要中心机构进行审核，因此节约了大量交易成本。

由于每个区块都存储了整个系统的数据备份，并通过数字加密技术确保数据的安全，传统中心化结构系统容易受到恶意攻击的问题也不复存在。最重要的是，区块链支付是建立在点对点网络之上的，可以实现全天候支付及跨境支付，其透明性及防篡改性也能有效减少或防止国际商业贸易中的欺诈行为。

还有一点要说明的是区块链支付的速度，目前作为主流数字货币的比特币及以太坊还不能具备区块链支付功能，主要原因是比特币一笔转账时间为30分钟至两小时，以太币也需要20分钟左右。近期由澳大利亚Worthysilver Group旗下UBank去中心化钱包交易所打造的X-pay区块链支付已经实现了毫秒级支付，TPS速度达到每秒十万笔，而且随着节点增加，速度可以达到百万级、千万级，只有这样，才能取代过去互联网支付，真正实现区块链全球支付系统。

当然，新零售不等于电子商务，区块链技术的影响也终将蔓延到整个零售行业。我们应该进一步看到，新零售背后的是新消费观念，区块链技术与通证经济归根结底来说也是相应的新思维的具体产物。曾几何时，人们还在借用那个老少皆知的中国老太太与美国老太太买房的故事鼓励人们超前消费。

今天，抛开年青一代的消费观念是否有必要指正不谈，其消费观念早已悄然改变是不争的事实。他们的消费心理、行为、品位、格调及激情，都显得那么前卫。他们是消费观念上的享乐主义者、社会阶梯上的地位追求者、生活方式上的品位制造者，他们是时代的主人翁。90后和00后是数据时代的"原住民"，他们在社会发展与时尚兴替中执着地寻求自我，而不是像他们的父辈那样，仅仅满足于吃饱穿暖等最基本的生活需要。曾几何时，人们嘲笑80后，而如今80后已经是国家的中坚。今天，还有人在批判90后，甚至00后，但与此同时，我们也会看到，有些人真的是越来越落伍，连微信、支付宝都不会使用，岂不可怕？

马斯洛的需求层次理论告诉我们，当金字塔的底层需求被满足之后，人会自然而然地向往尊重和自我实现，而这就导向了张扬自我、追求个性的新的消费理念。数据显示，至少有90%的消费者愿意为个性化的设计买单，这在以前是无法想象的。前所未有的消费观念，必定会刺激商业的发展，任何研究区块链的人都不应该忽略这一点，都应该抓住时代的脉搏，更好地适应接下来的商业环境。

五、区块链技术、通证经济与财富再分配

区块链技术与通证经济究竟价值几何?

在2018年5月的全球区块链香港峰会上,2011年诺贝尔奖经济学奖得主、经济学家萨金特教授在演讲中指出,当今世界的金融市场存在三大问题无法解决:第一,第三方仲裁机构拥有绝对话语权,这本身就是一种垄断,而垄断本身意味着不公;第二,当今的技术需要消耗冗余的时间进行资金转账,而时间就是金钱,也是生命;第三,各类中介会收取大量费用。而也正是这些问题催生了区块链,它拥有四大特性,即确定性、永久性、准确性和加密性,正是这些特性让它拥有了巨大的竞争优势。可以说,在未来如果不接受区块链,企业和个人都难以在这个不断变化的市场中取胜。

至于通证经济,它也将站在区块链技术的肩膀上,触发一系列新思维、新技术、新经济,涉及的范围也会非常广泛,会使整个生产、管理及管治体系发生巨大变化,而这正是人们衡量一次工业革命的特质。

在欧美很多大学的经济系中,有一门必修课叫"商业企业道德困境",讲的是股东利益和消费者利益的冲突,这其实也是现代企业制度最根深蒂固的矛盾。150年前,洛克菲勒在美国创立了首个石油集团,他拥有生产资料、资本、土地,建立了一个新的商业帝国,在欧洲的战火中成为全球首个亿万富翁。直到今天,全世界各地的企业家、金融家们依然在复制着他的故事,无非是从欧洲转到美洲,再从美洲转到亚洲罢了。

通证经济改造
——全球经济的下一场风暴

如果你问一个60后,这事怎么看?他会习以为常,他的价值观告诉他这些人赚大钱是因为有本事、有能力、有智慧,付出了极大努力。这没错,但社会在变,特别是年轻人的思维在变,思想在变。以前,人们总是梦想做全中国某领域最优秀的人,现在的年轻人则动辄会说,我要做全世界某领域的第一人。这是认知带来的变化,而造就这种认知变化的因素,很大程度上就是科学技术,尤其是互联网。

互联网飞速发展,技术反复迭代,使得相应个体在整体中的贡献率日增,但是相适应的结构关系、所得分配并没有多大变化,即使是最先进的互联网公司,个体和组织依然是传统的雇佣关系,所得分配依然不能反映贡献比率。生产关系不平衡已随处可见,中心化组织和超强个体之间的关系不平衡已成为非常突出的矛盾。简言之,那种建立在农业与重工业基础上的社会生产关系已不适合目前生产力的发展,甚至严重束缚生产力,扼杀创新,所以变革即在眼前。

区块链与通证经济的问世,给当前生产关系的重建、变革带来了希望。我们知道,目前全球主流国家都面临着财富再分配问题。我们也知道,最健康的社会是橄榄形,中间是庞大的中产,两端是少量富翁和穷人。但现状是,社会结构并不是橄榄形,也不是金字塔形,而是倒T形,庞大的底层只拥有少量财富。为改变命运,其中很多人会愿意玩一个游戏,也就是财富再分配游戏,比如资本市场,股市、期市等,参与者为了各自的憧憬,调动全部资源与聪明才智,充分博弈,你来我往,社会财富发生了变化,完成了二次分配。当然,这个分配依然严重失衡:大多数人的荷包要瘪一瘪,少数人的荷包会鼓起来。

著名经济学家吴敬琏先生曾将股市形容为一个赌场,诸如坐庄、炒作、操纵股价等活动层出不穷，由此实现的财富转移及再分配数字是多少，谁也说不清。创业板设立当天就造就了13位10亿级富翁，北京银行上市首日便造就了78个千万富翁，南京银行上市一天造就了66名百万富翁，宁波银行上市则造就了7名亿万级富翁高管。背后是什么？是成千上万苦不堪言的散户。

另外，几乎每一种新技术的问世与普及，也都伴随着一场财富再分配。它们会产生另外一种不等式，会让那些旧技术的使用者受到技术的排斥，同时掌握新技术还需要确定的学习能力和获取人力资本的能力，因此，那些最初能力较差的人通常不会受惠于新技术，反而会深受其害。此前曾有英国出租车司机为抗议网约车选择自杀，将来无人机送货普及势必也会在为企业节约大量人力成本的同时引发失业。

我们不反对新技术，但技术不能太冰冷，要具备人文关怀。区块链技术与通证经济正是这样的技术与理念。我们看到，尽管它们问世时间并不长，但在其引领下，在很多传统赛道都涌现出来一些颠覆人们以往认知的创业项目。所以我们建议创业者、投资者以及公众，不要局限于区块链技术和通证经济，要着力于相关思维，思维的突破才能带来全面的突破，思维的解放才能带来生产力的进一步解放。如果我们让最富创造力的那群人看不到财富上的希望，那动力何来？更多的社会财富何来？这是区块链技术与通证经济最有意义的地方。

第四部分 通证经济改造

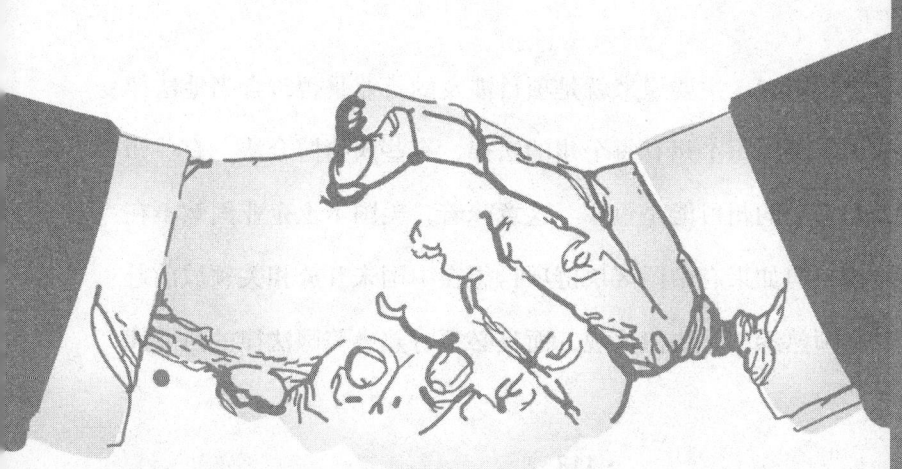

一、通证经济改造的合规模型

当下,研究 STO 主要还是以美国案例为主,中国目前尚无有说服力的资产通证化案例,STO 在美国也仅限于纳斯达克。在这里,我们要重申一个事实,那就是在 2018 年 8 月出台的相关文件中还将"虚拟货币"发行定位为非法融资。所以目前 STO 在中国境内落地不仅面临法律法规的适应性问题,对于往往"一抓就死,一放就乱的国民性",恐怕也显得过于激进。国内相关合规政策的设置工作事实上也尚未正式提上日程,如何在当前的法律法规框架下做出关于 STO 及整个资产通证化方面的合规设置,显得尤为重要。下面,我们先来看看美国的合规模型。

1. 合规模型的定义和理解

所谓合规模型,其实简单说来,就是指一家公司要搞资产通证化,至少要符合哪些法律法规,不能超出哪些法律框架等。

(1)代码监督,以防出现严重漏洞造成投资人损失。也就是说,先看看你的链是真链还是伪链,是打着 STO 旗号的 ICO,还是真正的资产通证化。

(2)项目合规审查。主要说来就是项目涉及的行业是否符合当地法律法规。我们知道,美国每个州有每个州的法律,有些州赌博合法,有些州吸大麻合法,但在别的州可能是重罪。这意味着,美国本土企业固然不在我们的关心之内,但如果有中国区块链项目想在中国未开放相关领域前赴美 STO,不仅必须熟悉相关法律法规,而且必须有熟悉美国法律的执业律师保驾护航。

（3）团队成员背景调查，避免出现虚假团队背景。在此基础上，还要通过 KYC/AML 审查，即了解你的客户和反洗钱调查，确定资金合法性，并预防腐败。

（4）实物、实体资产、收入与公司利润等证明。相比 ICO 火爆之际，写个白皮书就能发币，STO 的门槛便高得太多。具体来说，包括以下条款：

每年超过 1000 万美元的收入；

高增长性的公司；

面向全球的业务；

倾向于发行可转让的资产。

另外，根据美国现有监管框架，投资者门槛也很高，具体说来包括：过去两年的年收入超过 20 万美元（或配偶 30 万美元），并合理预期本年度收入基本持平；或者拥有超过 100 万美元的净资产，不论是单独还是夫妻二人，但不能包括主要居住地的房产。

（5）锁仓期。根据美国相关规定，发行 STO 有锁仓期，即通过 STO 发行的通证将分批次允许不同类型的投资者投资。以 tZERO 为例，根据相关规定，2019 年 1 月 10 日以后，90 天的锁仓周期到期后，合格投资者可在二级市场使用 tZERO 通证。在 STO 结束后的一年以后，即 2019 年 8 月 6 日后，普通投资者才能交易 tZERO 的通证。

从 ICO 到 STO 的过程，有人戏称为"招安"。中肯地说，上述条框确实会导致相关项目进展变缓，自由度严重不及 ICO，但是经过以上步骤的筛查，可以说尽可能地剔除了劣质区块链项目，避免了投资人蒙受损失，也净化了当前混乱的市场，让优质项目脱颖而出，避免劣币驱除良币，促进区块链技术与通证经济的正向循环。

而反过来看，不论是美国，还是新加坡以及世界上其他对STO持友好态度的国家及其合规模型，在现实上降低了资产通证化的普及进度，因为它限制了参与范围与流动性，进而限制了通证经济。

我们在研究中美等国针对STO政策及法律法规的前提下，为中国境内企业进行通证经济改造设计了一个STO法律合规路径如图4-1所示。

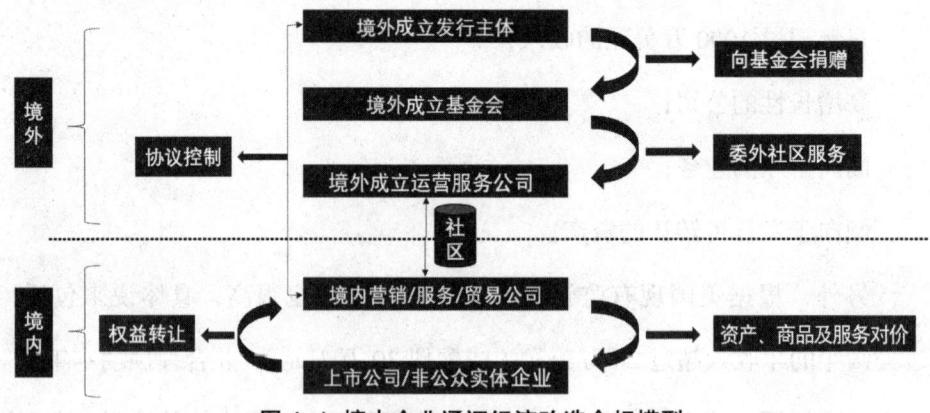

图4-1 境内企业通证经济改造合规模型

2. 合规模型的法律架构

合规模型主要分成两大部分，境外法律构架与境内法律架构。

（1）境外法律架构

①境外注册成立发行主体公司。境内企业实际控制人或股东委托可以掌控第三方在境外法律允许STO的国家注册成立通证发行主体，主要目的是有效地将中国境内企业及实际控制人与境外STO发行主体在法律上做好隔离。关于STO发行主体公司注册地可以选择开曼、维京群岛等免税地区注册公司，并非一定要注册在美国等国家，注册地可视项目情况而定。

②境外注册成立基金会。基金会的主要目的是接受境外通证发行主体STO募集的资金，而接受项目方捐赠的部分募集资金投向必须是用于与通证发行主体相关的生态建设。另外，设立第三方基金会的目的有两个：

a. 从法律及资金流上进行二次隔离。

b. 从税收角度讲，捐赠可以有效避税。

③境外注册成立运营服务公司。基金会是公益组织，不直接从事商业行为。所以，基金会接受通证发行主体捐赠的资金通过委托外包方式委托第三方商业服务公司开展与项目相关的生态建设。同时，又建立法律及资金流上第三层法律隔离。

（2）境内法律架构

①境内注册成立商务公司。境内商务公司的主要用途有：

a. 通过社区建立境内境外用户通道，与境外服务公司建立一种委托外包服务关系。

b. 通过权益转让等法律合规措施将境内实体企业的资产、商品及服务等权益转化至商务服务公司，完成实体企业资产价值收益转移，建立法律及资金流上的第四层隔离。

c. 境内商务公司与境外发行主体公司之间通过协议控股方式将境内实体企业的资产转移至境外发行主体公司名下。只有这样我们才可以做到境外发行主体公司发行的每个通证都有相应的资产、商品及服务背书，这才是真正的STO。

②境内实体经济主体。境内上市公司或非公众实体企业是整个通证经济改造的核心，是整个通证背后所映射的资产、商品及服务的所有者。

下面让我们再来阐述一下这个合规模型在资金流及实际方面的经济

价值。

  我们先剖析它的资金流：境外发行主体公司将部分 STO 募集市场资金捐赠给基金会，基金会通过委托外包方式将资金划转至境外商务服务公司，境外商务服务公司委托境内商务公司并支付服务费用（考虑到国家外汇管理因素，境内外商务公司之间结算可利用数字资产），境内商务公司收到资金或将接收到的数字资产通过数字资产交易所 OTC 市场转化为法定货币给境内实体企业，以支付境内实体企业相关资产、商品及服务对价。

  综上所述，我们发现通证经济改造有利于将境内实体企业沉没资产通过 STO 方式打通全球资本市场融资渠道，有利于引进国际资本发展实体经济。境内实体企业一旦有了资金注入就能扩大生产，增加研发投入，进行产业结构调整，从而实现更好的现金流，有了更好的财务经营数据，对于非公众企业而言，完全可以申请境内或境外上市，完成 IPO。这也是笔者所独创的"IPCO 模式"，即股币双权模式。通过这种模式真正实现区块链技术赋能实体经济，解决全球中小企业融资难的问题。

二、通证经济改造的体系架构

通证经济改造的体系架构如图 4-2 所示。

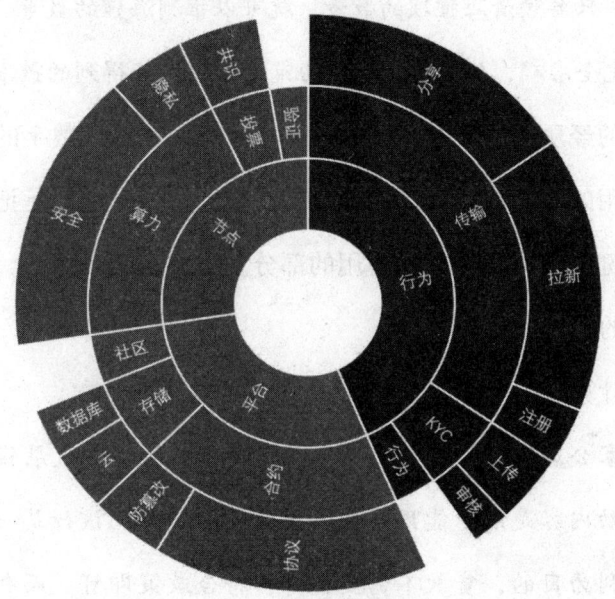

图 4-2 通证经济模式

1. 节点

什么是通证经济体系里面的节点？这个问题，我们想从大数据与云计算的应用讲起。

（1）大数据

何帆先生写过一篇文章，叫《我们都是大数据时代的海狸》。文章从大数据领域的顶级专家亚历克斯·潘特兰的年轻时代说起。

1973 年，潘特兰还只是个大学三年级的学生，他以一名电脑程序员的身份到美国国家宇航局环境研究所实习，分配给他的任务是开发一个利用人造卫星从外太空数清加拿大领土内所有海狸数量的软件。人造卫星的精度不是问题,海狸的个头也不算小,但这种啮齿科动物与它们所有的表亲一样,天生胆小,自卫能力很弱,习惯夜间活动,白天很少出洞活动,所以很难精确测度。怎么办?潘特兰灵机一动,想出一个主意:海狸有一个独特的本领,也就是筑坝,只要数清海狸坝的数量,就可以推测海狸的数量。尽管所得到的数据未必完全准确,但已是人类能力范围之内所能得到的最准确的数字。

潘特兰的经历提醒我们:大数据应用之难,难在从数字的汪洋大海中获取真正有用的数据。所以,现在又有小数据之说,也就是把握大数据中那些最为关键的、对自己最为有用的部分。找到了这个部分,也就找到了大数据应用的节点。

(2)云计算

北京有家公司叫神州云动,几年前,他们收到农业发展银行新疆分行的求助,求助内容是能不能用技术解决他们的苦恼。该行是一个政策性银行,不以盈利为目的,贷款不需要抵押,符合政策即可。而新疆是中国的棉花大省,也是世界级的棉花基地。新疆农业发展银行的任务,就是为当地的棉花产业做贷款等扶持业务,具体来说就是扶持当地的收棉大户和加工大户。这些大客户共200余家,放款额度高达1000多亿元。

可是有些人却打起了歪主意,拿到贷款后不去收棉,去炒股、倒汽车、买房子,棉农的棉花卖不出去。等他们去收棉时,往往是已经把贷款赔完了,想用棉农的棉花翻本,先给棉农打白条。棉农都很纯朴,难免上当。这是非常恶劣的做法,却很难监控。银行为了杜绝这种现象,只能派出大量工作人员,人盯人,隔三岔五检查,还在棉花加工厂安装了摄像头,想远程监控,但费了巨资,没收到实效。这个问题怎么解决呢?

神州云动派了两个技术专家，综合调研，最后找到一个关键节点，也就是云计算中最为关键的那个数据——称棉花的地泵。把地泵对接上他们的系统，每过一车棉花，就上传一个数据。所有的地泵都连接上系统，整体的数据就在掌握之中了。与此同时，他们还连接了相关的开票系统。也就是说，棉农交完棉花，不仅要钱，也要发票，事后他可以凭发票去申请国家补贴。发票上的信息更加全面，包括毛重、净重等，这样所有的信息就补全了。一经试用，非常满意，迅速被采购，然后布署全疆。

未来，通证经济的展开必然建立在对一个个传统体系架构的企业或组织的改造之上，通过通证经济改造，将传统的企业或组织改造成以通证为纽带连接各节点的社区自治化组织（DAO），结束存续400多年的股份制公司，彻底改变人类的生产关系，凡是持有项目通证的人都是股东。所以，通证经济体系中所谓的节点即社区成员构成单位。我们可以理解节点即社群，节点即用户，节点即股东。

节点是通证经济改造过程中最重要的参与者，节点是社群的组成单位，而社群对整个通证经济改造起着至关重要的作用。无论是互联网时代，还是区块链时代，"用户为主，流量为王"是亘古不变的商业核心规则。所以节点建设即社群建设，社群建设好坏直接影响到通证经济改造效果的好坏。

节点的功能系在整个通证经济体系中扮演信息验证、投票及分担系统公布式运算、存储等角色。

2. 平台

平台，解决的是企业进行通证化改造之后通证去哪里交易的问题，也就是交易所。交易所是整个通证生态流量的出口,因为无论你持有哪种通证都需要在公开市场上形成交易价格,即公允价值。有了公允价值才好实现通证与通证之间的流通与交易,才能形成一个公开、透明的通证经济流通体系。

在ICO时代,人们津津乐道的是币安、火币网、比特币世界等平台,而现在,专属于STO的交易生态已经在全球范围内初步形成。下面为大家简单介绍一下全球比较知名的STO交易平台或交易所,希望对大家有所帮助。

(1)Coinbase

Coinbase是美国著名代币交易平台,最近它取得了几项重大成功:首先是取得了券商资质,可以在Coinbase平台上发行并交易证券型通证;其次是取得了另类交易系统(ATS)资质;再次是取得了美国证监会注册投资顾问资质;最后是取得了美国金融业监管局(FINRA)对Coinbase证券型通证发展计划的批准书。这铺就了Coinbase的STO交易之路,为了铺路,它斥巨资收购了三家有资质的公司,可谓"一万年太久,只争朝夕"。

(2)UBank

UBank是澳大利亚Worthysilver Group打造的全球首批去中心化STO数字资产交易所,它关注区块链金融,以实物资产做背书,进行资产组合,分散投资风向,能够很好地保障用户收益。

此外,UBank去中心化钱包交易所具有安全快捷的跨链功能,方便用户使用。在用户资产管理方面,UBank具有持币生息功能,是打造区块链的余额宝。

UBank采用华尔街先进的投资策略,将人工智能、大数据、区块链技术与金融工具结合在一起，不仅保障了投资者的资产增值，还帮传统企业完成了通证经济改造，彻底改变了传统的金融投资生态。

（3）Polymath

Polymath 是一个融合了证券型通证的发起和发行的平台，在该平台发起新的证券型通证，从设计之初就嵌入金融监管要求，因此它可以在区块链上无缝打造金融产品。证券型通证发起公司或团队可以通过 Polymath 平台开展交易证券型通证、认证投资者、与司法顾问牵线搭桥，并联结开发者市场等行为。该平台使用 ERC-20 原生通证，作为联结客户认证、法律服务和开发者服务的标的商品计价单位。

（4）Harbor

Harbor 是一个可以让传统投资机构无缝接入区块链的开源平台，基于其标准化流程，可以保障标的企业将传统投资资产在合规条件下按部就班地转移至区块链。通过"私募 ICO"方式，Harbor 可提供符合美国证券交易委员会 D 条例的私募销售，并融合新的通证 R-Token 许可技术。同时，其标准化流程包括了美国证券交易委员会 KYC/AML（了解你的客户/反洗钱）合规服务、纳税原则、信息披露，以及通过该系统生成的每一种通证的评估状态等。

（5）Securitize

Securitize 是从风投机构 SPiCE VC 分拆出的新公司，与多家公司达成了通证发行承诺，总价值超过 5 亿美元，包括 CryptoOracle、http://Kairos.com、http://Lottery.com 和 22X Fund，可以为客户提供多项服务，包括为证券型通证发行企业及其法律团队提供司法和监管合规准备、美国证券交易委员会 KYC/AML（了解你的客户/反洗钱）合规服务、定制智能合约、保障相关证券型通证存续期间的所有数据等。它可以提供监管合规的云服务解决方案，让基金、公司或其他经济实体成功实现通证化。

（6）Swarm Fund

Swarm Fund 成立于 2018 年 1 月，利用 SRC-20 协议对现实世界资产进行通证化，使其变成可以在 Swarm 区块链上被管理、治理和交易的"资产"。同时，它也为外部投资者提供了投资证券化资产的机会，个人投资者可以用 SWM、比特币和 ETH 投资现实世界资产。具体流程是，投资者拿到 SRC-20 代币，即获取所有权和治理权，这些权益使他们可以合法分享相关资产所产生的收益，并以监管合规方式合法交易这些代币。在未来，该平台还计划对接法币，标的资产主要包括房地产、可再生能源企业、科技公司、加密货币投资基金、影响力投资开发项目及灾后重建、基础设施以及其他项目。

（7）Templum

Templum 是一家为证券型通证发行和二级市场交易提供合规解决方案的机构，曾用名 Liquid M Capital，被 Templum 以 130 万美元收购后改名为 Templum，是有合规资质的替代性交易系统 ATS 暨券商经纪机构。Templum 平台既可以进行证券型通证发行，也可以由发行方与投资者进行二级市场投资。与很多平台一样，Templum 内置了 AML/KYC 认证服务，以保障该平台合规。

（8）Securrency

Securrency 成立于 2015 年，是一个可扩容、受保护的平台，之前为不具备流动性的资产做市，现在可提供的服务包括帮助通证化发行企业实现监管合规，实现通证化证券的交易或转移，提供 KYC/AML 监管合规、信息披露、投资者资质认证和税务缴纳等服务，提供区块链智能合约开发服务，提供支付、交易、资产定价和其他交易行为等标准界面。

（9）tZERO

tZERO 是美国最大网上零售商之一 Overstock.com 的旗下机构，专注于研发各种区块链技术支持的资本市场解决方案，该公司产品涵盖证券经纪服务、入货及存储管理系统，涵盖逾 100 家经纪机构、24 小时交易平台的智能合约路由解决方案和其他相关服务。该公司处理传统证券业务，同时向加密货币交易系统迈进。它们准备拿出调整后的总收入的 10%，每季度向其通证 tZERO 的持有者分红。

（10）OpenFinance Network

OpenFinance Network 是一家专门服务替代性资产二级市场的开源平台，成立于 2014 年，渐次推出了交易、清算和结算服务。近期该团队工作重点转向区块链解决方案，已研发出一套证券化通证在区块链网络发行和交易的合规标准，同时已经帮助过一些经批准通过的合规的证券型通证发行企业，具有行业优势。

（11）Orderbook

Orderbook 是一个去中心化交易所，其通过特定的代币 RAP 自动完成投资者认证过程，通过交叉验证当地的法律法规与 RAP 持币者个人信息数据库的契合度，保障 ICO 及 STO 发起及交易的合规。

（12）Bancor

Bancor 是一个提供流动性的平台，它将多种通证与一个资金池挂钩，能实现价格发现，即使在交易量极低时也能确保流动性。对接到证券领域时，这种模式可在提升流动性的同时，提高证券资产转移到区块链网络的收益。

由于STO属于新事物，未来相关平台肯定会越来越多。但在当前，全世界仅十余家，整个交易市场还不成熟，特别是流动性方面，还有待进一步提高。在选择发行平台时，相关企业一定要就技术安全性、发行成本、第三方服务、过往经历、用户体验等方面认真调研，选择最适合自己的平台。

平台的功能系在整个通证经济体系中提供流动性、智能合约结算、交易及数据存储等服务。

3. 行为

"行为"是一个极其抽象的词，但在通证经济体系中所说的行为泛指一切与通证激励机制相关的动作。比如说，项目发行主体设计一系列激励机制，以最大限度吸引用户的参与，通过他们自己的参与行为获得相应通证奖励。如主动进行KYC认证、分享、拉新、注册、上传、审核等动作。

此处不妨举一例子：

欧洲有个非常著名的矿泉水品牌，叫依云矿泉水。一瓶依云矿泉水售价是人民币10元，我们每购买一瓶依云至少会贡献2元钱利润给依云的股东。有人说这是他们应得的，其实也可以说不是，因为水是大自然的资源，成本并不高，要不了那么贵。基于此，我们开发一个新的矿泉水品牌，知名度一开始当然赶不上依云，如果价格也卖10元，消费者多半不会买账。但如果对这个项目进行通证模式改造，情况就不同了。

比如，新品牌可以推出一个策略，保证消费者每购买一瓶该品牌矿泉水，其付出的一部分（如2元）就会自动触发智能合约，转化为通证，代表这家公司的原始股。也就是说，消费者每购买一瓶水，就可以得到相应的资产证券化的部分。如此消费者就会产生共识：如果更多的人都来消费该品牌的矿泉水，其品牌价值就会迅速增加，市值也会增长。如果市值扩大 100 倍，那么通证的相应价值也会增加 100 倍。

在这样的增值过程中，企业并没有失去什么，消费者分得的只是企业在成长壮大过程中的部分权益。当这种情景发生的时候，传统市场中的依云市值就会降低，除非它及早进行相应或类似改造，否则消费者迟早会意识到，购买别的矿泉水是在给自己贡献利润，而买依云仅仅是高消费。

行为的功能系是整个通证经济体系的催化剂，实现价值传输及分享，真正说明了互联网实现了信息的传递，而区块链实现了价值的传递。

三、通证经济改造的应用模型

1. 通证的流通模型（图4-3）

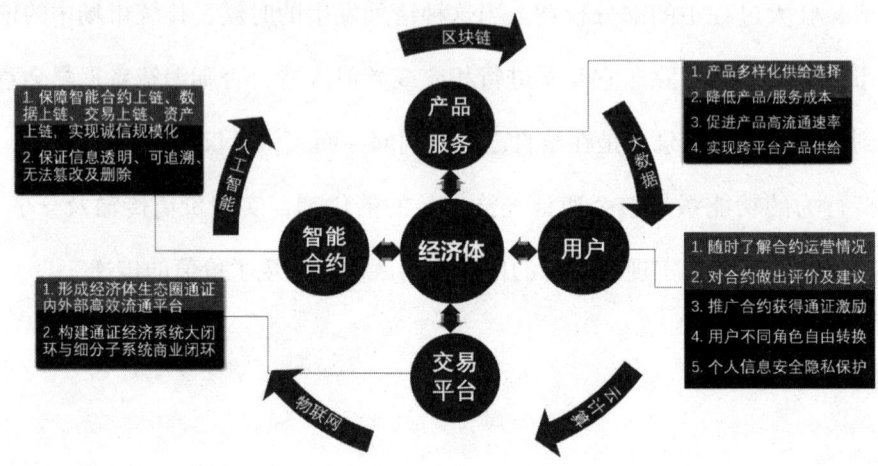

图4-3 通证流通模型

流通，是通证经济的关键词。所谓通证经济的流通就是，通证在社区内的流通。

其模型最大也是唯一的限定就是，必须是去中心化的流通，如果是中心化的，就会变成操纵，就谈不上区块链技术与通证经济了。通证经济体一般都不允许庄家存在，杜绝庄家的最好办法就是用技术构建相应的模型，比如，做成一个矩阵，在上面所有的点都是平等的。

正确的做法是，形成可循环的价值闭环，从一开始就确保每份通证对应相应的资产或价值，自我稳定，让后续者不断巩固这种稳定。

2. 通证的激励模型

通证本是激励的产物，优秀的区块链项目通常都离不开完善的、可执行的通证经济激励模型。原因就在于，比特币的英文名是"Bitcoin"，虽然"coin"也是"硬币"的意思，但多数人依然喜欢用"money"来代表广义的"钱"。换句话说，从开始命名时就做了这样的暗示：它是一种记账符号，是一种权益凭证，是一种激励手段，不仅能激励为平台做贡献的人，还能吸引更多的潜在人群。

现行的公链的激励模型基本上都是设定一个增长型机制，约定进入的时间越早，做的贡献越大，就能获得越多的通证。这跟传统创业领域类似，完全符合通证激励机制的两大维度。比特币的缔造者中本聪也是从一开始就给自己留了 98 万枚比特币。首先，他是发起人，应该获得更多通证；其次，他是贡献最大的人，应该获得更多通证。比特币总量为 2100 万枚，98 万枚所占的比例并非不可接受，在实践过程中，要维持好进入时间与贡献大小的平衡，一旦失衡，就可能引发庄家在一定程度上的操纵，失去其应有之义。

3. 通证的分配模型

经济体 (DAO) 在智能合约上链和执行的过程中可以获得一定比例的分红，这部分通证激励机制将按照以下公式进行：

$$\sum_{n=1}(持证量_n \times 持证时间_n) = 总系数$$

$$用户N获得分红 = 总分红数 \times \frac{持证量_N \times 持证时间_N}{总系数} \times 重要性系数\gamma_0 \times 100\%$$

通证的分配模型,与通证的激励模型大体是一回事。多大贡献,多大回报,叫"激励"还是叫"分配"不过是名词不同,但本质是不变的。要点是,什么时候开始分配,怎么分配,不仅应该有约定,而且也要通过智能合约预设在系统里,只要达到相应的要件,系统就自动触发分配。

比如,设定到6个月即分红,那么到第6个月的时候系统就会自动分红,不管发生何事。

再如,社区需要人写宣传文章,不管是谁来写,写的水平如何,只要达到一定的点击量,系统就自动分配给他相应的通证。至于是分配100个、200个、还是300个,完全由智能合约与机器系统决定,绝对脱离人的操作与操控。

4. 通证的估值模型

通证是价值的载体,这是没有争议的,但一个通证经济体究竟价值几何呢?这就需要给它估个值。与实体经济一样,对一个通证经济体进行估值,要参考多种因素,如通证属性、特征、种类等。通常,还要用两种模型对通证价值进行建模分析,即通证估值模型——费雪模型与净现值模型。

① 费雪模型,适合货币型通证

a. 公式。公式为:$MV=PQ$

其中,M表示货币供应量;V表示货币流通速度;P表示劳务平均价格;Q代表劳务总数。

b. 适用区域。适用于此类模型的通证主要有：比特币、比特币现金、Zcash、Dash、Monero（门罗）、Decred 等。其中，以太币、EOS、Dfinity 等公链的基础交易媒介代币，是生态内的基础货币，也有类似的估价模式。

c. 估值步骤。通常，估值需要经过下面几个步骤。

对通证适用的市场容量进行预测，比如：用比特币对标黄金，可以用 8 万亿美金作为总容量。

根据货币数量和流通速度，计算出货币价格。比特币的总数量是 2100 万枚，目前美金的流转速度约为 5.5/秒，每枚比特币的价格约为 7 万美金。

现实中，对上述模型人们可能存在这样一些误解：

模型认为，比特币都已经发行完毕，都已经加入流通了。其实，可能有 300 万~400 万比特币永久丢失，可流通数量约为原数量的 4/5，价格还可能提升 25%。

比特币不可能完全代替黄金的作用，虚拟经济可能数倍于目前的实体经济，市场总容量也不是 8 万亿。

流通速度没有数据，仅参考了美元，也许并不准确。

从投资角度来说，投资者一般都希望价格能不断攀升，因此项目方可以从以下几方面进行思考：

降低流通数量，比如，BNB/HT，为了提升单个币的价格预期，可以采用回购、销毁流通代币等方式。

降低流通速度，比如 steemit Power 转化为 steemit 时，可以分 13 个星期返回。

提升整体市场容量,如各公链可以培养 DAPP 生态开发者社群。

②净现值模型(NPV)

a. 公式。

$$NPV = \sum_{t=1}^{T} \frac{C_t}{(1+r)^t} - C_0$$

这里,C_t 表示时期的净现金流;C_0 表示总初始投入;r 代表折现率;t 代表时期。

b. 适用范围。

该公式适用于能够标准定价的服务,比如:Kyke Samani 在 *New Models for Utility Tokens* 中提出的几个关键应用:Keep、Filecoin、Livepeer 和 Truebit。这类应用,根据服务提供者持有的代币数量占比,能够提供成正比的收益机会:持有的代币占比越多,获得下一份工作的可能性就越大,获得收益的可能性也就越大。在此类应用中,服务方提供的是一种类似于"带宽""计算能力"等标准化的服务,定价透明,规避了投机行为,未来现金流完全可以预期。

基于抵押获得可预期收益的通证也适合此类,比如:付息型证券通证。如果服务非标化、价格不透明,最好不要使用这种模式,可以使用 BME(即 Burn-and-Mint Equilibrium)模式。只不过,该模式目前还属于小众阶段,没有可通用的公式,没有得到普及。

c. 估值步骤。具体的估值步骤，就以发展火爆的火钻为例来说明：

曾经火钻的最低价格为 0.1 元 / 个，每天每个可以分红是 0.01 元。如果我们花 0.1 元买入 1 个火钻，一直持有，就会获得：

各周期的净现金流。每天 0.01 元，1 年共 365 天，就是 3.65 元。

折现率。按照永续年金来计算净现值，NPV=3.65÷0.05 = 73 元。火钻自身的经济增长不能支持如此高的分红率。

2018 年 9 月 24 日，火牛视频更改了火钻的分红规则：由"1 元/100 火钻"变为"1 元/100000 火钻"，净现值 =（0.0365÷0.05）=0.73 元。

除了前面介绍的两种估值模型，还应了解下面几种：

①相对估值法。这种方法适用于传统项目代币化的应用型通证，适合大部分币改项目，公式为：

以法币计价的 Token 市值 = 同等法币计价的年净利润 ×PE

②期权定价估值法。这种方法适用于适合所有应用型通证和底层公链，可以把通证的价值看作是以项目未来价值为标的的资产的看涨期权，模型和公式都不简单。

③自由定价。这种方法适用于非标场景，通证代表的价值没有既定的参照物。

④J 曲线原理。该原理适用于多数通证。该理论认为，价格会经历这样一个过程：早期的高投机性、低效用性阶段—泡沫破裂、价值探底期—长期的攀升阶段。美国缉毒局（DEA）特工 Lilita Infante 曾与福布斯

分享过一个数据：在比特币40亿美元的交易量中，涉及犯罪的有10%，合法交易为90%。由此可见，比特币的效用性正在逐步扩大，正在逐渐趋向J曲线。

四、通证经济模型设计的方法、路径和步骤

1. 通证经济设计的前提和必要条件

（1）Token 的三个属性和发展阶段

①通证的发展阶段

如今，通证（即 Token）的概念已经被发展得如火如荼，其实早在二三十年前，很多技术从业者就已经知道了 Token Ring 网络，即令牌环网。之后，经过不断发展，到今天，通证一共经历了三个发展阶段。

a. 互联网时代，Token 主要被运用于登录验证的令牌。

b. 以太坊 ERC-20 出现，Token 成了募集以太币的凭证，实现了 ICO 流程的自动化。举个例子：通过 ICO 智能合约设定，甲主要投入以太币，乙就发放给甲一个 Token。一旦项目做成，Token 就是甲的投资证明，甲就能用当时乙给的 Token 来置换乙的币。如此，Token 也就成了可以在交易所直接交易的资产。

c. 通证出现，Token 的内涵不断扩大，不论是令牌还是 ICO 代币，都具有使用权、收益权等多种属性；只要使用区块链加密技术，所有不可篡改的符号都能作为通证。这时候，通证已经变成一个经济学术语、一个新名词。

②通证的属性

通证是一种"可流通的凭证"或"可流通的加密数字凭证"，是通、

证、值三者组成的统一体。

a. 通。可流通，即可使用、可转让、可兑换。

b. 证。可以被识别，可以防篡改，技术共识。

c. 值。通证是价值的载体和形态，不仅代表了股权、货币，还可能代表承兑汇票、物权。这种价值属性来源于社会对通证价值背书方信用的认可，即社会共识。

（2）区块链让资产以通证的形式自由流通

单纯地从定义来看，通证确实跟区块链没多少关系。举个例子：从一定意义上来说，Q币是一种通证，能够在上亿的QQ用户体系中流通，可以用来购买各种道具和游戏。但通证又和区块链密不可分。过去，可流通的凭证一共有两种形态：一种是实物和纸质形态，另一种是电子和数字形态。股票、债券、股权、货币等数字形态的资产构成了庞大的价值网络，依赖于某个中心化机构，也就是说，资产的登记、转让等都离不开中心化机构，而中心化机构能触达的地方就是该价值网络的边界。之后，中本聪发明了比特币，只需借助区块链，数字资产就能实现流通。

区块链技术能够被用于加密的去中心化电子凭证，但并不局限于比特币，也不局限于底层数据库技术，适用的方向比较广泛，比如发行、登记和流转通证等都可以，这样便于价值的转移。

有这样一个思维实验：

某男士喜欢买股票，2018年时买了一万股，看到这只股票会涨，便想将股票送给儿子，但是按照目前的机制，无法做到这一点，即使去二级市场销售，也无法保证儿子正好就能买到；找证券公司拟登记结算，可是人家只负责大宗交易，不搭理散户……这时候，虽然这一万股股票是男士的财产,将股票送给儿子也很合理,但他却没有权利处理这笔财产。

这就告诉我们:资产登记方设定的规则决定着我们对财产的处置能力。这该怎么办?如何才能解决这个问题?

各种资产都需要二级市场,但按照旧有的商业体系,很难建立这样的二级市场,因为商品生产者或众筹服务提供者没有建立二级市场的义务。这时候,使用资产的通证化,却能解决这个问题。只要将股票、凭证等资产以通证的方式存在于区块链上,该价值网络就可以顺利突破传统边界;之后,在系统上发出一条指令,数不尽的机器就会帮你完成登记,权属就能在传统的边界外得到证明。

比如,2018年10月份我在某众筹网站购买了一个空调,商家说在2019年8月份寄给我,但2019年6、7月份多数都是阴雨天,我很后悔买这个空调。如果2019年8月商家把空调送来,我决定将空调放进二手市场,以很低的价格卖出去。这时候,如果有一家专门服务于这种普通商品的期权交易的市场就好了。

其实,运用资产的通证化,众筹网站就能将空调凭证发行到区块链上并进行确权,然后就可以在二级市场对空调的通证进行交易。众筹网站不用自己操作,只要拿出相关数据并被承认,只要将网站中登记的空调"预售证明"放到区块链上即可。因为,只要将通证与区块链结合到一起,就能产生一种突破边界的能力,任何登记方都不会限制你来处理资产。通证的核心作用就是流通,因为流通能够创造无限的可能!

如果整个世界的价值观只有"金钱"一个判断维度,那么发行各种通证也就没有多大意义了。但是,人类价值尺度是多维的,不同的个体,不同的时间,对某一特定事物的价值判断标准是不同的。为什么有的人投资股票，有的人投资债券，主要原因就在于，在判断价值的标准上，增值收益也是一个重要维度。

（3）通证的分类

按照不同维度，通证可以分为四种，如图4-4所示。

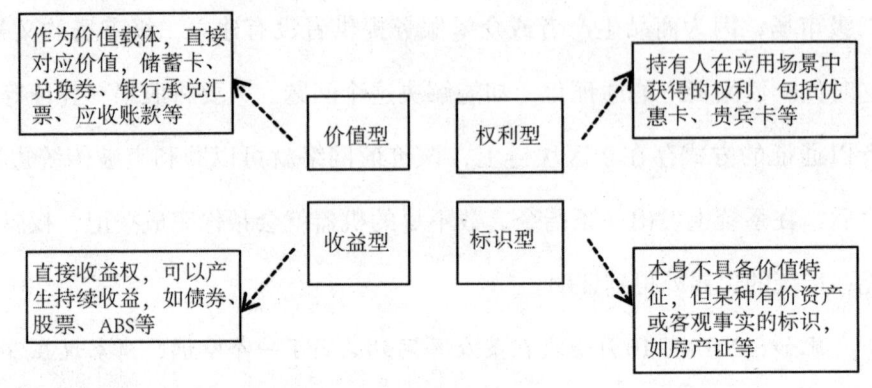

图4-4 通证的种类

①价值型。该通证直接对应某种价值，比如，通证值一千元钱，就能用作储值卡或兑换券。

②收益型。该通证不值一百块钱，但未来却能持续产生收益，如股票、债券。

③权利型。持有通证的人，能够在特定应用场景中获得权利或权益，如贵宾卡、优惠卡。

④标识型。通证本身不具有价值，却是某种有价资产或客观事实的标识，如老年证、房产证。

举个例子：

币安币一共有两个核心特点：可以抵扣平台交易的手续费；每季度币安平台都会拿出净利润的20%用于回购币安币，然后直接销毁，直到总量达到1亿个币安币为止。同样，币安币也有两个不同维度的价值属性：一个是权利，只要买了币，就打折，就减免手续费；另一个是收益，各季度都要回购，持有者可以获得增值。

如此，就反映出一个问题：如果某种东西是消耗品，将来甚至还会涨价，你会使用吗？例如币安币，即使价格上涨，也不用它来抵手续费，因为以后可以用它抵扣更多的手续费、获得更多的收益。从这个角度来说，可消耗的东西跟可收益的东西，价值属性是互相矛盾的，并不完全一致。

设计通证时，一定要认真思考上面提到的这个问题。将通证的三个价值构成混合在一起，用来承载三种矛盾的价值。通证的价值是无法明确的，但这样做却能让投资者、大众等认知更简单。因此，如果想让经济体系更简单、更能自圆其说，就要把它设计成三个毫无联系的通证。这时候，现实价值主要用来消费，收益价值相当于经济体里的股权，主观价值则代表着拥有的权利。

币安币为什么能获得成功？这里主要涉及一个多维度价值观的问题，比如，有些人的交易量大，关心现实抵扣手续费的需要；有些人交易量小，只关心未来收益，对于现实问题不太重视；有些人认同币安币，喜欢购买它的通证……如果人们做出的这些行为都是合理的，币安币自然也就不会消失。

最终如何设计通证经济，完全取决于当事人的目的。如果目的是融资，是收益变现，那么发行三种通证，一定不会成功，因为投资者一般都不会购买代表社区权利的通证。因此，设计通证经济的时候需要认真想一想，自己究竟是想打造生态，还是想满足当下的融资？

（4）通证经济体系设计三要素

设计通证经济体系前，还要思考三个元素，如图4-5所示。

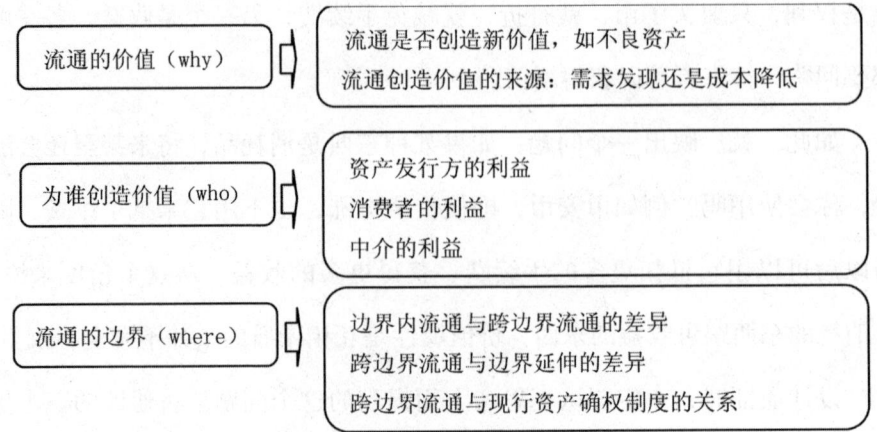

图 4-5 通证经济体系设计三要素

①为什么要设计通证化？比如作为价值载体，通证如何通过流通产生更高的价值？价值来源是什么？比如，不良资产。通证化的价值可能体现在，能在二级市场找到更多的买家，只要有利于市场主体在经济活动中发现需求或降低成本，就可以进行通证化。

②通证为谁创造价值？通证的经济体系中包括资产发行方、消费者和中介，但有时通证经济体系的设计并不能满足所有人的利益。举个例子：为了留住客户，航空公司一般都会设有消费积分。能否将积分放在区块链，让用户实现积分互换？把积分放在区块链内实现更广泛的流通，最后积分就会流转到需要积分的人手里，兑换积分时积分发行方需要支付更多的成本，因此不能这样做。做区块链积分，一定要兼顾所有人的利益！

③流通的边界在哪里？如图 4-6 所示。采用区块链技术，就能让通证突破所有边界，但在属性不同的通证之间，兑换模型存在不确定性，甚至无法形成兑换关系，流通边界的确定关系着通证经济体系的设计和实现。

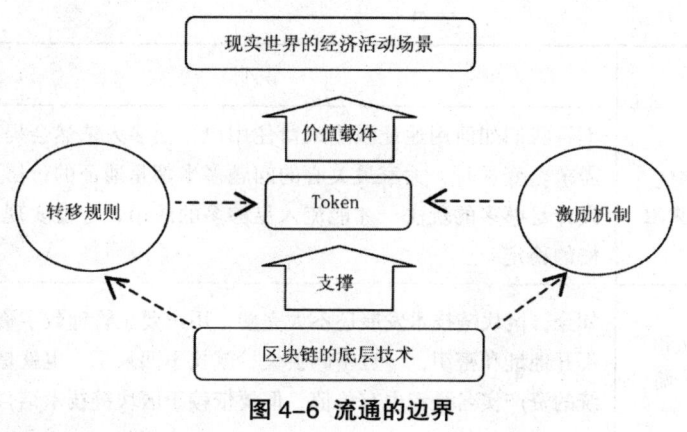

图 4-6 流通的边界

（5）通证经济设计的必要条件

通过前面的分析，就能得出通证经济设计的必要条件，如表 4-1 所示：

表 4-1 通证经济设计的必要条件

条件	说明
让通证可以更流通	要想让通证有更多通道来流通，就要设计更多玩法。同样是币乎，如果这里有一个币乎商城，有些人想用商品兑换密钥，有些人想用密钥换商品，就会增加一条密钥流通渠道；商品成交时，买家和卖家的需求就会同时得到满足，但密钥也只是从一个人的钱包转移到了另一个人的钱包，法币并没有成功变现，只维持了密钥的价格
带来一定的社会价值	通证的设计，可以采取多种激励方式，但如果该应用无法带来社会价值，即使设计得再好，也一点意义都没有。比如，币乎。即使币乎的通证设计出现了问题，最终结果也不会改变多少。因此借助激励措施，就能让很多人写出好文章，为众人提供帮助，带来更多的社会价值
达成社会共识	社会上，不仅存在普通公民，还有政府、监管机构和交易所，设计通证经济体系时一定要考虑到所有利益方的认知。如今，很多资产的流通都要受到某些规章制度的限制，要想通证化，就要与政府和监管机构多加沟通，使社会达成共识
有没有跨越边界的需求	即使没有这种需求，通证依然可以存在，仍然可以设计一个通证系统，在公司内部流通；为了奖励好市民，市政府也可以发行一个通证。但是，只有跨越边界的需求越强，通过区块链来实现通证经济的作用才会越大

续表

条件	说明
设计更多的法币流入渠道	不管我们如何用通证激励来留住用户，很多人依然会提出变现需求。变现时，大家最关心的问题多半都是通证的价格，只有设计足够多的玩法，才能流入足够多的法币，才能实现通证价格的稳定
实现隐私和保障的平衡	如今，区块链技术发展还不太完善，用户要想管理数字资产，离不开地址和密钥，一旦密码丢失，就找不回来了。也就是说，传统的资产实名登记也有价值，但要依赖于区块链技术结合的方式

2. 通证经济体系设计

（1）通证经济体设计步骤。

通证经济体设计一共需要经过七个步骤：

①明确解决什么问题；

②确定生态演化路径；

③参与角色梳理；

④定义协作规则；

⑤设定贡献度；

⑥设定多层次激励机制；

⑦确定激励兑现方式。

（2）通证的优势

通证的优势主要体现在：超级信任、超级流动性、低交易成本；可编程、可自动化交易；低发行门槛、非标商品定价、复杂价值透明表达、隐私信息保护。

第四部分 通证经济改造

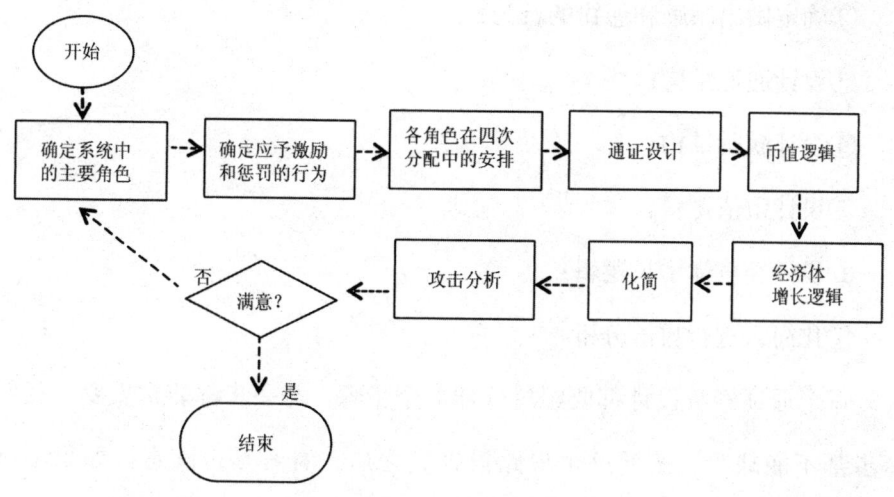

图 4-7 通证的优势

（3）通证的价值网络

关于通证的价值网络，如图 4-8 所示：

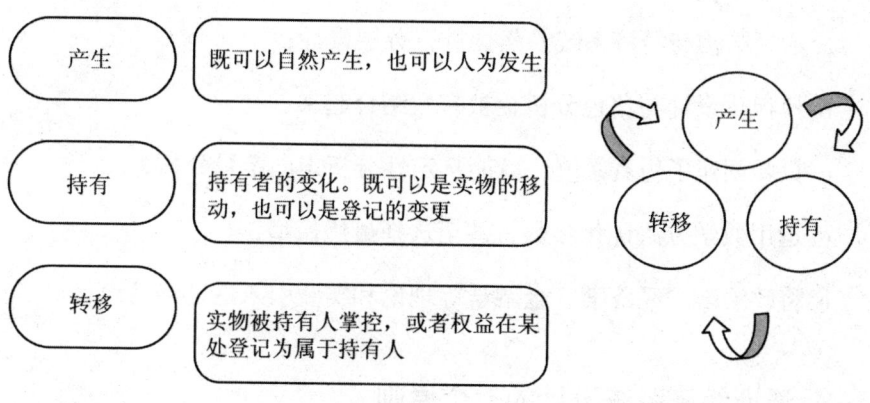

图 4-8 通证的价值网络

3. 通证经济设计步骤

经济系统的设计步骤如下：

①明确系统中的主要角色；

②确定做出激励和惩罚的行为;

③设计通证结构;

④设计激励结构;

⑤设计币值逻辑;

⑥设计经济体增长逻辑;

⑦化简,进行攻击分析。

每个通证经济设计都要经过这样七个步骤,每一步都非常重要,任何一步都不能缺少。按照这个思路设计完之后,看看是否满意。如果不满意,再重新进行设计。

如今,虽然通证经济系统设计学科还处在早期发展阶段,行业只明确了基本的感觉和方向,但从目前的认知来看,我们依然可以判断出通证经济未来可能发展的方向,比如:

a. 治理结构与经济系统必然会进行分层设计;

b. 模板化设计与角色分析会被有效结合起来;

c. 只要创建了仿真系统,就能从定性分析走向定量分析;

d. 运用数学方法优化参数,甚至选择最优模型;

e. 将政治学、经济学、金融学等理论和实践引入通证经济设计。

4. 通证经济系统设计的七个原则

不同的区块链项目,也就是不同的通证经济系统。但不管领域如何不同,不管解决的问题有多大差异,都要遵循下面七个基本原则,如表4-2所示。

表 4-2　通证经济系统设计的七个原则

原则	说明
真实增长	系统必须能创造真实的价值，必须能提高生产率
原点价值	最小网络有原点价值，在最小网络中通证有基本的用途和使用场景
网络价值	随着网络规模的不断扩大，价值呈现指数增长
价值回路	各角色都分布在价值回路上，没有奇点缺陷（通证系统中的通证单向流动。只流入不流出，或者只流出不流入。）
协议	良好的经济系统依赖于协议行为和经济激励，并不是冗长的流程和强制
透明	系统可以进行中心化设计，但应尽可能消除黑箱，将必要信息对公众公开
正义	要惩恶扬善，不要纵容作弊和腐败等不良行为

当然，这些原则也不是要求每一条都符合，只要满足其中五条，项目就已经是不错了。关于这些原则，要用开放的眼光来看待，因为有的项目在初期可能会暂时违背某些原则，但随着不断运作以及经济系统的发展，也会逐渐满足上面的要求……不能因为项目开始的时候没有坚持这些原则，就认为这些项目没有生命力。

第五部分 证券型通证发行(STO)

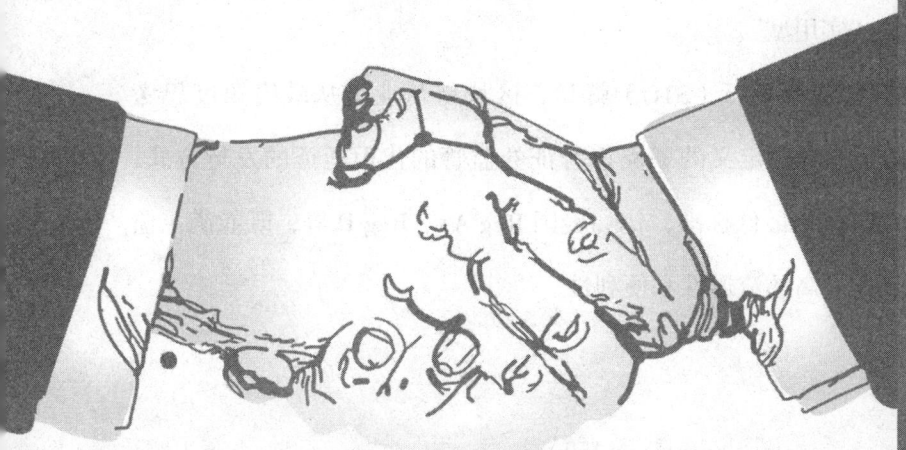

一、定义与关键区别

1. 证券型通证发行（STO）的定义

在数字货币领域中，"Security Token"经常被提及，即证券型通证发行（STO）。对于全球企业来说，私募和风投是企业融资的传统方式，而STO是传统融资方式的强大而有价值的替代方案。这个方案如此强大，在未来两年内，该数字额度可能增长到10万亿美元。

证券型通证，是各国政府为监管以ICO为代表的通证发行的"应激反应"。在无法出台新的监管政策的情况下，各国政府（特别是美国政府）就会将现有通证市场纳入传统金融监管系统。

2017年7月，美国政府在多轮听证"通证发行事件"后，提出由美国证监会SEC进行通证市场监管。可是，SEC没有监管通证市场的经验，只能借用美国现行证券法，将可能适合证券监管的通证纳入现有监管范围，称之为"证券型通证"；不符合监管条例的通证，纳入"实用型通证"类型。用通俗的语言来表达就是，美国政府知道怎么管是"证券型"，却不知道怎么管是"实用型"。

所谓证券型通证发行（STO）就是，区块链从业者从政府角度思考ICO，顺应监管需求，定义的一类符合证券监管的代币通证的发行方式。目前，STO发行的是最低标准，比如美国Reg A+、Reg D等，既能满足监管需求，又具备极高的流通性和便利性。

2. 证券型通证发行（STO）与传统首次公开上市（IPO）的区别

有一种说法，认为STO其实是IPO在区块链时代的升级版本，并且给它起了个名字叫IPO 2.0。IPO我们都知道，其全称为Initial Public Offerings，指企业首次向公众招股，为的是募集资金，实现更好的发展。同时，IPO必须具备相应条件，如必须是股份公司，必须经营满三年以上，且连续三年盈利等。很多的"必须"，把很多的公司挡在了门外。相比来说，IPO尽管也有不低的门槛，但整体上还是要低得多。如前所述，STO又达到了相关国家证券发行的最低标准，最重要的是它的每一份通证都对应着实体资产或价值，因此大体上说二者有很大的共同性。

与此同时，我们也必须注意到，至少在进入门槛、安全性与流动性方面，二者还有不少区别。总体来说，IPO在进入门槛和安全性方面高于STO，STO则占据着进入门槛低和流动性强的优势。具体说来，又有很多细节，比如通常情况下STO通过私募方式进行，尽管它也是公开发行，但只出售给经过认证的投资者，这就使得针对它的要求更为宽松或有资格免于注册。而IPO肯定是公募，并且面临苛严的后继监管，相关法则也肯定不会有任何的松动。再比如在流动性方面，我们固然可以说由于通证的特性STO的流动性更高，但考虑到目前的环境及公众的认知，也可以说IPO的流动性优于STO。

3. 证券型通证发行（STO）与首次虚拟币发行上市（ICO）的区别

Sharex创始人、Y Community Token Fund合伙人李刚强在参加金色相对论时表示，STO 就是 ICO 和 IPO 的妥协，是未来世界与过去世界为了达成平衡寻求的一种妥协方式。它既有 ICO 的优点，又有 IPO 的优点。

那么 ICO 又是什么呢？其实自 2017 年 1 月初以来，初始代币发行（ICO）的热度不亚于现在的 STO，它吸引了很多风险投资公司和区块链企业的目光。然而，由于缺乏监管以及人群的无知，ICO 泡沫膨胀，使投资者处于危险之中，紧接着迎来全球多数国家的严格监管。

ICO 是 Initial Coin Offering 的缩写，首次币发行，源自股票市场的首次公开发行（IPO）概念，是区块链项目首次发行代币，募集比特币、以太币等通用数字货币的行为。

那么两者之间有何区别，其实 STO 可以说是安全、有保障且更理智的 ICO。证券型代币必须由有形资产包装或"背书"，如公司的收入或股份。而 ICO 中出现的则是实用型代币，其保障性远远不及证券型代币。想进行 STO 必须先获得 SEC 以及其他监管机构的许可，所以在监管方面，STO 更具有合规性。

对于三者之间的区别，Top Fund 区块链基金创始人刘思宇表示，STO 通过证券化的通证进行融资，相比于 IPO，STO 具有更好的流动性、协议层自动化管理、24 小时交易、交易单位灵活等优势。相比于 ICO，STO 具有协议层合规、通证融资合法化、打开机构投资市场、让通证本身价值与 BTC/ETH 脱轨以及同未来现金流挂钩、反应资产价值等优势。从在美国注册的公司角度来看，STO 即合法合规的 ICO。STO 只是证券融资的一种新的形式，与 ICO 相比，融资模型会发生较大的变化，如增加合规方面的合约等（见表 5-1）。

表 5-1 IPO、ICO、STO 对比

	IPO	ICO	STO
类型	证券	Token	Seccurity Token
对应资产	上市公司股权	项目方提供的权益	综合 IPO 与 ICO，可以涵盖知识产权、房地产所有权、美术出版等
支付方式	法币	BTC/ETH 等代币	法币、代币均可
监管要求	高	无	中
是否要实物保障	是	否	是
中心化	是	否	是
发行难度	高	低	中
KYC（投资者认证）	是	否	是
投资风险	低	高	中
投资者保障	低	无	中
交易难度	高	低	中
全球化流通	否	是	否
指定交易所	是	否	是
是否 24 小时交易	否	是	是

二、证券型通证发行是打通虚拟和现实资产的"桥梁"

1. 通证化发行资产的一般定义或种类

何谓通证化发行资产？

这个问题其实又回到了"STO 与 ICO 的根本不同"这个老问题上，我们其实已经进行无数次阐释了：证券型通证发行必须对应相应的资产或价值，而不是写几行代码和一份白皮书那么抽象。你想发行 1000 万元的通证吗？可以。你对应的资产是什么？在哪里？值不值？简单粗暴，一目了然，谁也别想浑水摸鱼。

前面我们曾经对通证做过分类，如价值型、收益型、权利型、标识型等，此外还有一种分类方法，即把通证分为 Currency token、Utility token 和 Security token 三大类。

（1）Currency token。指以各国法币为主的价值的交换媒介，美元、欧元、人民币等，它也包括一些企业发的内部货币，如 Q 币，最近大火的稳定币等。

（2）Utility token。指各种实用型通证，如会员卡、积分卡以及身份证明、荣誉证书等。

（3）Security token。指证券型通证，如股票、债券、期货期权、房地产投资基金等。

如今，我们跨入了 STO 时代，STO 带来的影响非常深远，因为它首先会影响我们的思想，让我们站在宏观的视角定义我们的资产，而这毫无疑问拓展了 STO 的空间。可以说，未来一切资产以及权益，都可以 STO，包括有形资产如房地产、土地资产、矿产、能源、大宗商品、艺术品等，也包括无形资产如专利、技术、著作权、版权、品牌、商标等。

2. 证券型通证发行资产的特质

证券型通证发行资产属于金融资产的一类，但凡是金融资产，一般来说都具有几个共同的特征，如偿还期、流动性、安全性、收益性等。相对于其他金融资产，或者说是金融工具，如储蓄、股票、债券等传统金融资产，以及不得不提的 ICO，证券型通证发行资产具有一些由它自身特点决定的特质，具体说来体现在以下几个方面。

（1）偿还期方面

由于证券型通证所代表的权益天然地更偏向于传统股权所代表的所有权和债权所代表的未来收益偿还权，因此证券型通证的持有者可根据相关契约或智能合约，自然地享有该区块链组织的所有权、分红权、未来收益偿还权或投票权等权益。

另外，由于证券型通证投资者有相应的门槛，也就是以类似于私募的方式向他们融资，反过来说他们就是类似于私募的投资者，而在此类投资过程中，偿还期更是不必细说的惯例，再加上实体资产的支撑，因此证券型通证发行资产在此方面相应来说更具优势。

（2）流动性方面

我们知道，除货币以外，各种传统金融资产都存在着不同程度的不完全流动性。证券型通证发行资产不可避免，不过由于它本身就具有钱的属性，加之未来各公链、各交易所、各经济系统会实现全维度对接，所以证券型通证发行资产优势明显。

（3）安全性方面

我们必须指出，STO首先是一种技术创新，但凡技术创新都会伴随着相应的风险，有高有低而已。投资无小事，任何细节都值得追问，特别是安全性这样的根本问题。当然事要多面看，话要两面讲。证券型通证发行资产面临的安全性风险，其他金融工具也会面对；证券型通证发行资产不面临的安全性风险，其他金融资产也可能面临。

目前来看，证券型通证发行资产有两方面的潜在风险：

①金融创新导致的投资者的亏损，正如我们此前看到的，区块链各领域虽不乏大赚特赚者，但总的来说给人感觉亏损惨重，STO是不是又一个加速投资者亏损的金融工具，尚未可知。但我们知道，它至少是一个被监管的事物，不至于像ICO一样完全失控。

②STO前面的优势即资产流动性过高带来的负作用，因为流动性过高既会带来流动性溢价，也会带来相应的价格波动。再加上无处不在、每时每刻地炒作，会被人为地加大这种波动。实践中必须予以注意，并尽可能地用预埋机制予以规避。

当我们谈到一款金融资产的收益时，其实我们也就在谈论它的收益性了。一款金融工具的收益性如何，通常有名义收益率、实际收益率、平均收益率等指标可供参考。结合前面所言，证券型通证发行资产的收益性与它的安全性基本上是一致的，它不再可能像ICO时代一样亏损起来就血本无归；反过来说，其赢利空间却是无比巨大的，毕竟它还处在发展的早期,而过去的经验告诉我们,早期只要对了,资产便会呈指数级增长。

3. 证券型通证发行的意义与内涵

风靡一时的 ICO 已鲜有人问津,而证券型通证发行(STO)却应运而生,并且在国外有了多个发行实例,其优势与可行性有目共睹,其重大意义我们也早已正面侧面地阐释过。那么,这个"重大"的具体内涵都包括什么呢?

我们还是要结合传统金融资产的相关固有特征展开讨论。传统金融资产的相关特征主要是什么?四个字:依法有序。STO 已经做到了这一点,其在监管的框架之中进行通证的合规发行,其核心就是符合监管的要求。同时,它也在此过程中利用自身技术即区块链技术解决着传统 IPO 的痛点。

我们说 STO 意义重大,事实上是在说它优势众多并且非常明显。单从 STO 能够融入现行金融体系来看,就已具有非常卓越的意义。所谓证券型通证,本质上就是一种证券,表面上看,STO 的出现不过是在现有金融体系下的证券大家庭中加了一分子,然而它不是普通的一分子,而是承担着改革的使命。

STO 不纳入监管则已,只要纳入监管,它的优势必然会被更多人认识,从而接纳或认同其底层技术与背后的思维,对传统证券从发行到交易等流程进行智能化改造,这样便可以大幅缩减资产发行的成本,提高发行的效率,减少交割、转让、清算、结算的流程,使得相互之间的交割更加高效、便捷。与此同时,无论是时间成本与资金成本都很低廉,从发起交易到撮合交易再到提现,可以实现全程智能化,更加便于监管。用专业的话讲,这叫可编程性,它能够给相关公司、项目带来很多传统证券不具备的功能，也能够使利润分配环节变得更加便捷，尤其适用于一些复杂情景。

更重要的是"流动性"这个金融属性，STO所带来的流动性的变化不是传统认知中的提高、增大那么简单，而是"从固体到液体"的转变，甚至是"从固体到气体"的转变。流动性是一切金融资产的核心，当证券失去了流动性，也就丧失了它的作用和价值。为什么有太多实体资产不能上交易所？因为它们不具备流动性或流动性过低，而通过资产通证化，可以让原先我们认为不能动的、不宜分割的一些固体资产获得像液体乃至气体一样的流动性，比如把一套房子分割成N多份通证、把一幅画分割成N多份等，它可以无限地分割相关财产，从而让相关财产实现液体化的流动，从机构到个人，从此处到彼处，只要有互联网，只要具备共识，它就可以跨越国家、地域以及文化的限制，在全球范围内自由流通。

再往深里说，流动性的背后其实是信任，没有信任，就谈不上流动性。现行金融体系下的证券之所以具备流动性，是由于国家信任的背书。证券型通证发行的深层次意义，是利用区块链技术及思维为人们提供一个以智能化的算法和合约为核心的信任中心，而不是目前这种以人或组织为核心主导的信任中心。

所谓的去中心化，实际上不是绝对的去中心，而是去掉中心化组织中的人为因素。人有普遍的人性，有直接的利益需要，但机器没有，所以机器也就没有动力、没有可能去做一些违背信用、信任的事情。当这样的金融体系与经济体系最终得以建立起来时，我们的社会将会获得巨大的确定性，信任成本将会大大降低，协作效率将会大大增强，一场伟大的范式革命将就此展开，信任层层推进，共识不断迭加，这才是STO最重要的意义和价值。

三、证券型通证发行的特殊意义

STO 的特殊意义是什么呢?

其实在上一节我们已经回答了这个问题。特殊意义也是意义,是意义就必然包含在证券型通证发行的意义与内涵之中。而其特殊意义,其实也是它最为重要的意义,也就是它将开启一场伟大的范式革命。

什么又是范式革命呢?举个例子,相对于历史上此起彼伏的农民起义与改朝换代而言,辛亥革命就是一场范式革命,尽管它并没有完全解决当时中国社会的痛苦现实。证券型通证发行的特殊意义目前大部分人也看不出来,但塔勒布在《黑天鹅》中讲过,历史和社会不是缓慢爬行的,而是在一步步地跳跃,而人的思维是连续的、是有惯性的,看不清未来的依稀面容,是实属正常的。

往词源上追溯,"范式"一词是美国著名科学哲学家托马斯·库恩的发明,也是他的理论核心。从本质上说,范式是一种被大多数人所认同、共享的信仰、价值、技术等集合而成的理论体系。就科技而言,我们经常提到的"某某技术是一种科学革命",本质上就是说它将引发一场范式转换,比如学会用火特别是钻木取火可以让人类改造周围环境;农业的诞生与发展带来了国家和阶级;文字与书写催生了文化与教育;印刷机的发明促使知识更方便地传播。此外,电的发明、计算机的发明、互联网的发明、移动互联网的发明、区块链的发明,每一个重大的发明,每一次技术的进步,都伴随着一次史无前例的范式革命。

STO 也是如此。有人会说它不过是舆论的产物，是 ICO 改造、ICO 的阉割，本质上没有变化，这主要是因为他们站在当下的科学与社会范式情景中对 STO 进行思考，就像我们之前所畅想的那样，只有把自己放到一个更大的维度和视角去思考 STO 的未来，我们才能发现，它确实是一次历史的伟大跳跃，而且已经在起跳之中。它将融入并改革现有金融与经济体系，"液化"传统资产，赋予其前所未有的流动性，联结虚拟与现实，构建一个以智能化的算法和合约为核心的信任中心，让社会高度协作，让个体轻松完成传统经济体系下无法完成的事情，它所释放的能量和价值无可估量。鉴于篇幅，这里就不再重复和进一步展开了。

第六部分 证券型通证发行的应用探讨

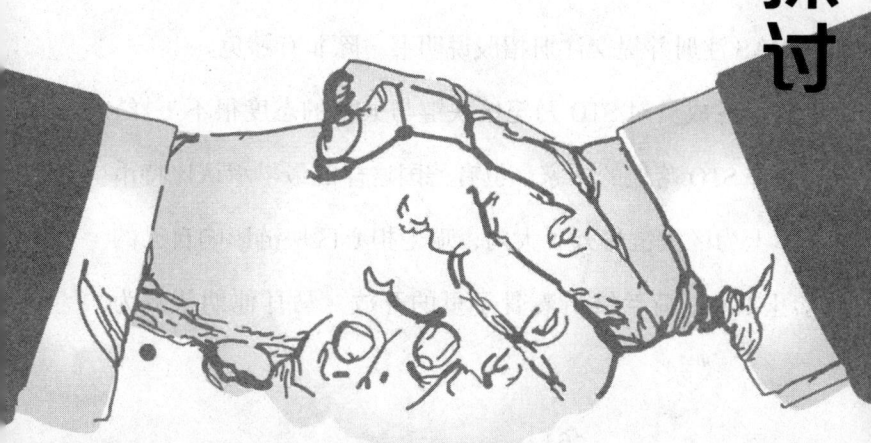

一、证券型通证发行在全球的发展概况

时代发展得很快,从 ICO 到 STO,几乎是一夜之间的事,两种概念之间完全没有清楚的分水岭。事实上,到现在我们也只能说 ICO 只是处在退场之中,而 STO 一方面忙于进场,另一方面还要忙于在全球舞台布局,为适应各国政策气候而不断演变,一时之间,难免给人眼花缭乱的感觉。

证券型通证发行在全球的发展概况,很大程度上就是它在全球的发展现状。因为它从无到有再到发展与实践的过程几乎同步,就像一棵种子突然长成一株参天大树一样,完全没法用传统手法去观察、去追溯它具体什么时候发芽破土,又具体在什么时候抽条长杈、开花结果等。至于 STO 的现状,其实无非是它在当前的美国、新加坡等少数几个允许 STO 的国家的发展现状,以及其他保持各种态度的主流国家,如中国与欧盟。

目前,在美国进行 STO 需要接受美国证监会 SEC 的监管,监管规则借鉴的是美国证券法。相关法则与相关实践在前面有具体阐释,此处不再赘述。新加坡则是除美国之外最抢眼者,在新加坡进行 STO 需要接受新加坡金融管理局 MAS 的监管,监管法则的框架是新加坡《证券及期货法》,公开发行 STO 前需向 MAS 注册并提交注册招股说明书,除非有豁免。

欧盟是个大家族,各成员对 STO 乃至区块链与 ICO 的态度很不一样,既有奥地利这样的允许 STO 落地的国家,也有德国这样的最早承认比特币的国家。法国从法律上为区块链打开了大门,瑞士担心区块链影响自己的金融地位,波兰禁止 ICO,荷兰维持着骨子里的开放,马耳他期望成为

第六部分 证券型通证发行的应用探讨

"区块链岛"……一句话,欧盟多国的整体态度是宽容而谨慎的,但具体有多宽容,有多谨慎,在各个成员国中间表现不一。在允许 STO 的欧盟成员国进行 STO,需满足相关国家及欧盟整体的金融监管政策,主要包括要在合规的交易所上市,要由合规的、有牌照的券商来发行等。

二、证券型通证发行在美国的实践

1. 证券型通证发行与美国 SEC 法律的对接

SEC（United States Securities and Exchanges Commission），一个我们频频提到的单词，美国证券交易委员会的简称，隶属于美国联邦政府，成立于1934年，以灵活著称，将 STO 纳入其监管就是其具体表现之一。

在普通人眼里，"监管"是一个再普通不过的词，但在专业人士与相关机构的语境中，"监管"是一系列具体法规与细则的浓缩。以 SEC 为例，当它决定将 STO 纳入监管范围之内时，它首先要考虑：是用现行法规来约束它，还是重新立法？如果用现行法规，具体又用哪些条款？而且这是一个非常严谨的过程，要开无数次会议，反复论证，而不能是某一个人拍脑袋决定的。

众所周知，美国法律纷繁复杂，而且监管环境相对保守，主要侧重于保护投资者。基于这个总原则，SEC 在制订对 STO 的监管细则时，主要参考了以下一些条款。

（1）1933年证券法案第5节：在 STO 之前，相关公司必须根据1933年证券法案第5节进行注册，或根据"证券法"第5节的注册要求豁免。有人说，注册一下，很简单，实则不然，在美国，类似的注册昂贵且耗时，整个过程可能需要数月时间，花费高达数十万美元，仅此一项就能让很多有心发行通证的小团队望而却步。注册的具体流程与 IPO 类似，事无巨细且按部就班，如提供招股说明书，提供经审计两年的财务报表（不到两年提供至最开始的财务报表），详细披露发行人的业务、风险因素、管理团队、资本和所有权结构、出售证券型通证的性质及其中包含的财务报表和经营业绩的讨论,以及许多相关信息与其他事项……你可能会认为这很麻烦,然而它已经是简政之后的效果。在2012年4月之前,也就是JOBS法案未被写入法律前,普通投资者根本不可以投资只向高净值个人或"合格投资者"开放的私募证券。

(2)CF条例:该条例此前主要用来监管众筹,根据CF条例,发行人在连续12个月的任何时间段内,通过向无差别的合格和非合格投资者,在SEC注册的FINRA成员股权众筹平台或门户网站上出售代币或可转换为代币的证券,最多可筹集107万美元。但是,未在美国注册或组织的发行人,SEC报告的公司发行人,某些投资公司,以及在过去未遵守CF条例要求的公司或空白支票公司,没有相关资格。有发行资格者,也按筹集金额的额度不同、是否首次进行区别对待;CF条例允许广告和一般性劝诱,但只允许墓碑式广告;在转售方面,CF条例也有严格的限定。

(3)条例D下的细则506:该条例简单说来允许证券发行人无限额融资,只要受众是合格投资者。这是好的方面,不好的方面是任何事情都有代价,在该细则下发行证券比条例CF下发行更昂贵,流程也更繁杂。

(4)条例A:条例A是一项JOBS法案,允许发行方在连续12个月的任何期间内出售高达5000万美元的证券或相关投资工具,非合格投资者受到某些投资限额的限制。在A条例下发行证券要求向SEC提交表格1-A的发行声明,只有根据SEC的意见进行审查和修订后,才能获取资格。而且,条例A只适用在美国或加拿大注册并经营的公司。

(5)条例S:条例S如同一道围墙,规定在此条例下发行证券者必须是非美国人,而且发售和销售地必须是美国境外。这对美国人不是什么好事,但对非美国人与公司确实有利。

以上五大条例,既可单独适用,也可同时执行。也就是说,发行方不但有机会同时向非合格投资者和合格投资者出售通证,还可以出售给离岸非美国投资者。这肯定有助于拓展社区,提高销量和影响力度,但前提是同时满足相关条例的先决条件。另外,关于未来代币简单协议(SAFT)、赏金计划、空投、名人促销和其他促销活动,STO 都将其对接了具体的法律条款,一不小心,就有可能导致违规,面临高额罚款。

我们说 STO 不确定性的未来,一定程度上要看当下不确定的监管环境怎么变化。这种不确定性不仅体现在对相关监管法律的强行对接上,还有政出多门的因素。除了 SEC,目前围绕着区块链展开的各种形式的加密货币还引起了美国商品期货交易委员会(CFTC)、联邦调查局(FBI)、美国司法部(DOJ)、美国财政部下的金融犯罪执法网络(FinCEN)和国税局(IRS)等监管机构的共同关注。一些州,比如亚利桑那州、怀俄明州和佛蒙特州,已经通过了一些相关法律。至于未来会不会推出适用全美的 STO 专项法案,我们只能拭目以待。

2. 证券型通证发行的实操启示

(1)STO 通证发行流程(见图 6-1)。

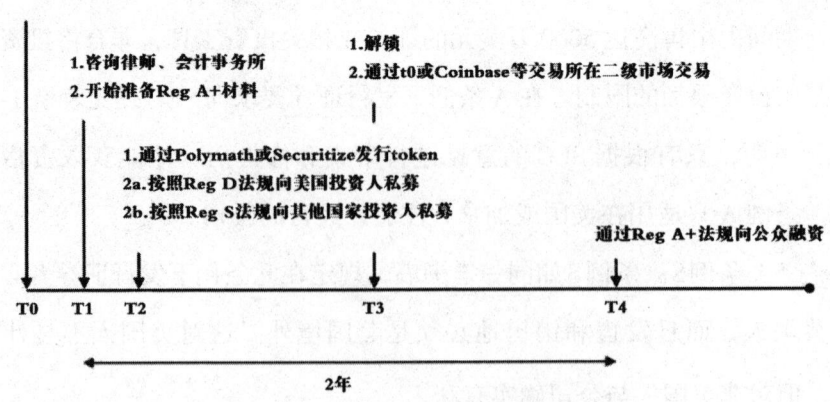

图 6-1 STO 通证发行流程

第六部分 证券型通证发行的应用探讨

①发行方案设计。根据项目方资格的资料与要求，给出合理化建议，有效地规避其他风险。

②VIE主体搭建。注册海外主体公司，税务豁免，获利合理合法回流。根据发行需要，调整公司组织架构。发行方既可以设立美国公司，也可以选择其他离岸公司。中国大陆企业，由于受政策方面限制，可以用VIE架构进行海外STO发行。

③项目法务合规。为项目方提供Reg合规需要的全部法律文件，申请CID代码，在SEC网站提交备案。

④代币发行。根据前期方案，共同协商代币发行的时间周期。

⑤合格投资者/机构对接。与中、美、日、新等海外合格投资者、投资机构对接。

⑥STO海外发行。分为两种。

a. 在证券交易监督委员会SEC下进行注册的RgeA$^+$，要求比较高的，可以作为长线准备；

b. 在SEC申请豁免，只要备案即可，对海外投资者的要求不太严格，更有利于融资和宣传。

证券型代币是一种证券，在美国其发行要受到SEC（证券交易委员会）监管，在新加坡要受到MAS（金融管理局）监管，在欧盟地区要受到ESMA（欧洲证券和市场监管局）监管。

下面是美国SEC的监管情况、豁免申请条件及具体操作方式（见表6-1）。

目前，人们最了解的是RegA$^+$、RegD和RegS三类监管规定，从本质上讲，都是证券发行豁免条款，不需要按照IPO方式发行证券。这些条款适用于中小企业，申请门槛不太高，成本较低，时间不长。

表 6-1 美国 SEC 的监管情况、豁免申请条件及具体操作方式

	RegD	RegS	RegA⁺
发行规模	无限制	无限制	一年之内最多 5000 万美元
发行方要求	无	无	必须是美国或加拿大公司
投资者要求	必须都是合格投资者，且发行方有义务核实投资者身份	必须发售给美国境外投资者，不能在美国境内宣传	无
禁售期限	12 个月	12 个月内不能出售给美国境内者	无
披露文件要求	无硬性要求	无硬性要求	按 SEC 要求提供发行通告
备案审核	无须审核	无须审核	在发售前备案并经 SEC 批准
等待披露	无	无	提供年报、半年报以及当前事件报告

（2）STO 四大核心角色

STO 的核心参与者包括资产方、交易机构、搭建者和投资者。

① 资产方。STO 生态中最重要的一环。没有资产方就没有 STO，不论资产证券化，还是证券通证化，背后都是资产。

② 交易机构。STO 生态中的重要平台。传统的证券交易机构和数字货币交易所，各有利弊，前者在强监管之下具备公信力，后者则因为监管缺失屡屡被质疑；前者因为中心化等问题不够民主、不够透明，而这恰恰是后者具备的属性。因此，有效监管 STO 交易机构，使其具备公信力，获得区块链所赋予的公开、透明、可追溯等特性，是促进证券通证化最关键的一环。

③ 搭建者。STO 生态中的技术驱动和核心推动力。通过链改和币改等

方式，让资产上链完成通证化，对接到交易机构中，是搭建者的首要任务。从技术角度来说，资产的通证化并没有太多困难；但对于监管来说，却是最难的，因为区块链自身的属性让监管不可能像传统证券那样，按照各国的壁垒进行分割。如此，搭建者就给监管者提出了一个全球性难题。

④ 投资者。STO 生态发展的驱动力。没有投资者的 STO，只能停留在实验阶段，所以合格投资者的认定异常重要。

（3）STO 核心角色功能作用

① 发行方。发行银行、投资银行、智能合约跟踪收支情况、支付平台和稳定币。

② 投资方。STO 交易所、身份管理、公司治理平台、投票 SaaS 平台、投资者权限管理。

③ 服务机构。托管行、流动性提供者、媒体、评级、合规（法务或会计）、信息平台、管理控制台。

④ STO 的优势。使资产的公开发行成本更低、效率更高；可以极大地提高资产的流动性，解决资产变现难的问题；更合规，更便于监管；可以加速资产的全球流动；有利于保持交易的连续性，全年 7×24 小时不间断交易；能够实现资产的多样性，股权、债权、不动产、艺术品都可以通过 STO 方式进行操作。

3. 美国实现小批量证券型通证发行的启示

截至 2018 年 11 月，相关数据显示，美国 SEC 已审批通过了约 40 个 STO 项目。这是一个充满争议的数字。一部分人认为，太拿不出手，尤其是相对于成千上万排队等待 STO 的庞大基数而言；同时，追溯 STO 的历史，可以发现，最早的STO出现在2017年年底，而目前这个数字依然可以用寥寥无几来形容。另一部分人，确切地说是多数人认为，尽管通过STO审核的案例不够多，甚至不足以支撑人们对它形成一个共识，然而它却拥有着《启示录》一般的重大历史意义。有成千上万个项目在排队，这不恰恰说明了随着全球严监管的到来，STO已经成为大多数区块链项目的首选方案吗？通过率少，只能说明相应的进度应该加快，而不代表STO不受欢迎，不是发展的趋势。

不看好STO的人无非持两种观点：一是门槛高，二是即使将来放开监管，优势的资产也更倾向于向更成熟的传统市场流动而不是做STO。其实不必过于担心，尤其是当我们着眼于全球资产这个"大蛋糕"时。目前，全球股权资产规模约为80万亿美元，债务资产规模约为100万亿美元，房地产市场规模约为230万亿美元，其他实质性资产超过250万亿美元。当相互之间对接的通道被真正打通时，STO的潜在市值瞬间就能超过1万亿美元。一开始就达到1/250，我们一点儿也没多想。然而1万亿美元已经是个巨大的市场，再加上它背后的更大的潜在市场，这种巨大的推动力，又有谁能阻挡？所以，当前的一些问题，根本不是问题。

三、证券型通证发行在中国的意义

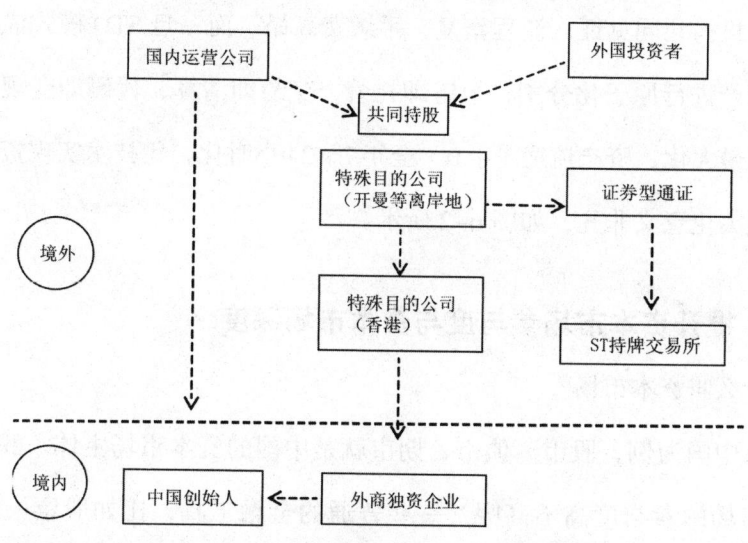

图 6-2 证券型通证发行在中国的意义

1. 盘活实体资产,提高流动性

从国企到民企,从集团公司到小微企业,从重工业到轻工业,但凡组织,都不缺乏实体资产,都难免有闲置资产或不良资产。在以前,盘活资产非常难;即使有了资产证券化渠道,也依然给人杯水车薪的感觉。我们说,STO 会打开一条沟通现实世界与虚拟空间的路,无论这条路现状如何,将来是大道还是小径,它都会在相应程度上盘活现实世界中那些急待盘活的实体资产,在提高资产流动性的同时,也提高资本流动性。

同时,就算是现有金融体系已经盘活了的资产,未来其实还有再盘活或者进一步盘活的需要。比如那些赴美上市的公司,如果它们回归 A 股、港股等国内交易所，就需要经历私有化退市、拆除 VIE 结构、再进入 IPO 排队或借壳的流程，非常复杂；传统的房产等不动产，虽然看上去不存在盘活的必要，但是其交易通常需要公证公司、托管公司、清算公司等中介与服务机构共同见证，流程繁复，手续费高昂。而一旦 STO 模式成熟，便能将资产进行原子化分割，上链即托管，交易即清算，代码即合规，使资产盘活最大化，资产流通 T＋0、全年 7×24 小时化，用技术实现资源配置效率最大化意义非凡，如图 6-2 所示。

2. 提升资本市场参与度与资本市场深度

什么叫资本市场？

以中国为例，股市、债市、期市就是中国的资本市场主体。我们这个资本市场的参与度高不高呢？一些普通的金融工具，比如股票，是高的；另外一些也高——门槛高。比如股指期货，前不久刚刚下调了门槛，但仍不是工薪族"玩耍"的地方；原油期货、黄金期货也是如此。门槛高，意味着参与度低。这也有有利的一面，比如易于监管。

但也有极其不利的一面，比如我们的大 A 股，整个 A 股市值加起来一度才抵 5.3 个苹果公司。这有多少讽刺意味其实不重要，重要的是苹果公司永远有现金流，而很多 A 股公司连股权资产都全部抵押完了。用专家的话说，大盘如果有 4000 点，什么问题都解决了。大盘处于熊市，股指期货门槛高导致的参与度不够及其进一步导致的量能不足，都是一个因素。除此之外，其他一些投资类型，包括回报稳定和收益最高的投资类型，进入门槛也高不可攀。STO 及其背后理论范式的突破性发展，将会打破这样的格局。

即便是股票，中国股民与美国股民相比参与度依然不足。早在2014年，中国股民就达到了1.2亿，不到总人口的1/10；同期美国股民占其总人口的比例是多少呢？近27%！

那么，什么又叫资本市场深度呢？简单来说就是资本市场的规模够大，产品也比较丰富，这种深度能够保证市场走势相对稳健。与之相对应，还有一个资本市场广度的概念，它强调的是优化资本市场结构，建立和完善多层资本市场，允许不同类型的融资主体和不同风险偏好的投资者参与到资本市场中来。从一定程度上看，这两个问题是一个问题，而STO无疑有助于解决这个问题。

3. 为产业转型和升级提供流动性和市场深度

一定程度上说，STO就是ICO的转型或升级，同时它也可以成为当前中国产业转型和升级的有力辅助。转型也好，升级也好，它首先意味着要转要升的资产是些老的资产、传统的资产、落后的资产、缺乏流动性的资产等，众所周知，想法容易，实践困难，华丽转身并不是所有企业都能做到的，它需要很多先决条件。比如，资金何来？羊毛出在羊身上，除了STO，谁能为那些传统资本所不喜欢的资产提供流动性？总靠补贴，终究不是办法。STO实际上是对资产证券化的拓展，在理想状态下，企业只要有资产，就可以通过STO盘活变"废"为"宝"，让融资变得不再难于上青天。STO的问世，能解决相关企业自身的流动性问题，也能为整个资本圈和整体市场经济拓宽深度。

4. 为新兴重点产业、关键科技产业服务

作为一种融资方式，STO在融资效率、融资时间、融资成本、信息对

称、融资地域等各方面都优于传统的IPO，也基本适用于所有企业，但结合时代背景，我们发现它更适合于双创企业与高新技术领域的中小企业。我们知道，通常公司达到一定规模，融资就变得相对容易，有时候银行甚至会追着企业跑。而小企业，特别是一些风口型的小企业，并不受传统融资渠道的欢迎，因为风险系数太高。加之中国的天使投资规模较小，导致很多小企业活不过创业的死亡谷。

那么，2018年ICO为什么那么火？其实它的初衷是不错的，也就是帮这类小企业融资，共同推动中国经济与科技的发展。现在，STO不仅同样可以用来标记资产、商品和金融工具，而且它还对接着资产和价值，这意味着规模较小的公司有机会迅速从全球投资者中募集资金，同时还不用承担巨额成本。对一些大企业来说，STO只是一个可有可无的渠道，而对小企业来说则不啻为救命稻草。

四、证券型通证发行在中国的可能性实践

1. 利用证券型通证发行扶持前沿科技产业的发展

STO 在中国还没有成功的案例,但已经与中国人发生了关系,具体说来就是贾跃亭的法拉第未来。前不久,大洋彼岸传来消息,电动汽车区块链公司 EVAIO(伊娃)已与法拉第未来(FF)、美国投资银行 Stifel 进行了接洽,EVAIO 希望在三年内通过 STO 方式投资法拉第未来总计 9 亿美元,双方团队已经在商讨相关细节之中。惯看秋月春风的网友们很自然地联想到,这可能是贾老板又一次讲故事。不过,以敢想敢干、战略疯狂而闻名的贾跃亭,拥抱全新的 STO 也在情理之中,这既是一种全新的选择,也是大势所趋。至于能不能拥抱成功,那是后话。但就像很多媒体评论的一样,STO 相当于贾跃亭的最后一根救命稻草,而这根救命稻草同时也适用于整个前沿科技产业,在这个存在极大不确定性的领域,很多企业与创始人的处境,甚至还不如贾跃亭,相对来说他们更需要 STO 的助力。

2. 通过证券型通证发行重塑股权投资模型

南美洲的一只蝴蝶扇动翅膀,可能会掀起北美的一场风暴。STO 会不会引发蝴蝶效应,重塑现有股权投资模型呢?很有可能。具体而言,由于 STO 拥抱监管、对应资产,一些传统的高净值客户、家族基金及有限合伙人 LP 等,均可对其进行投资,通过合法、合规的方式进入该市场;与此同时,大量企业会以 STO 的形式进行股权融资,这很可能冲击 VC、PE 的现

有业务。VC、PE 是传统的融资模式，具有退出周期长，流动性差，投资人变现困难等现实缺陷，STO 是对它们的革新，在流动性方面更是有着显而易见的优势，在未来，VC、PE 甚至会主动拥抱 STO，从内外两个方向实现对整个股权投资模式的重塑。

3. 采用证券型通证发行盘活新三板的资源

中国的新三板从落地到现在，已经走过了将近 20 年的历程，但时至今日，它依然是一个冷淡到极点的市场，几乎丧失了流动性。其原因主要在于个人投资者的入场门槛过高。当然反过来看，新三板还有个更大的问题，那就是相比较而言公司质量不如主板主司。那么机会来了，STO 一方面面向全球的合格投资者大军，另一方面就算公司自身盈利水平较差也影响不大，因为所有的通证对应的资产，两相结合，有利于盘活新三板的资源，从而激活新三板，注入流动性，进一步激活整个证券市场。

4. 探讨用证券型通证发行解决二级市场流动性危机

二级市场流动性危机其实就是当下的情况。为了缓解、对冲这种不利局面，我们看到相关部门一直在采取动作，包括降准、放水、入摩、沪/深港通、沪伦通等。一些地方政府甚至专门组织成立"纾困基金"，一些传统股权投资企业也放下了传统业务，成立专项基金接盘，提供流动性。中国二级交易市场的格局日益拓展，但当下的流动性危机依然需要化解。能不能化解这场危机，其实决定了中国股市能否走出熊市，这不仅影响着万千中小股东的命运，也影响着很多企业的命运。不能说 STO 一来就万事大吉了，但 STO 可以助力提升二级市场流动性，可以让合格投资者与相应企业有更多选择，这是毋庸置疑的。

5. 研究证券型通证发行解决企业债问题

从全球视野看，企业债市场是证券市场的重要组成部分，债权融资亦是企业融资的主要方式之一。之所以如此，是因为债权对企业来说比股权更便宜。但我国起步晚，企业债市场发展缓慢，规模较小，流动性较它应有的水平也比较低，呈现出整体的弱势。与之相比较，STO具备一定优势，不但比传统的MBS、ABS等业务更简便、更快捷，而且更易于资产流转。因为STO理论上有机会获得全球合格投资者的参与，潜在投资者极其庞大，而其他融资方式很难企及。在目前打破刚兑，产业或行业"出清"的形势之下，通过STO从世界范围引入"活水"，提高流动性，兴许是个值得尝试、很好的纾困方案。

6. 采用证券型通证发行的方法，用"土地银行"的概念进一步推进中国城镇化、新农村建设、特色小镇、远郊或农村土地流转等进程

STO在中国的命运取决于政府，政府的支持和推动必不可少，这是显性的因素。而隐性的因素，则取决于它当前在美国等试水地的具体表现。假设STO最终表现不错，其进入中国也是时间早晚的问题。而结合我国国情，最为适合它的用武之地或许就是当前的城镇化、新农村建设、特色小镇打造、远郊或农村土地流转等进程。

在我国，土地可能是当前整体沉没最多的资本，一方面农村人进城打工、土地荒芜；另一方面国家要进口大量粮食，同时还要进一步实现农业

现代化。这当中的节点是流转，国家或国家授权相当一级的政府，通过采取设立土地银行、确定土地产权措施，稳步推动城镇化、新农村建设和特色小镇建设。

参考国外的经验与教训，可知 STO 确实能够为我国相应经济领域的建设和改革发挥应有作用，但前提是采取一系列措施，根据实际情况制定并出台一系列法律法规，确保在监管上不出问题。同时，我们相信未来在政府的大力支持下，投资者必然会增加对 STO 的信心，从而促进我国金融市场的多元化与新常态。

第七部分 证券型通证发行的发展与完善

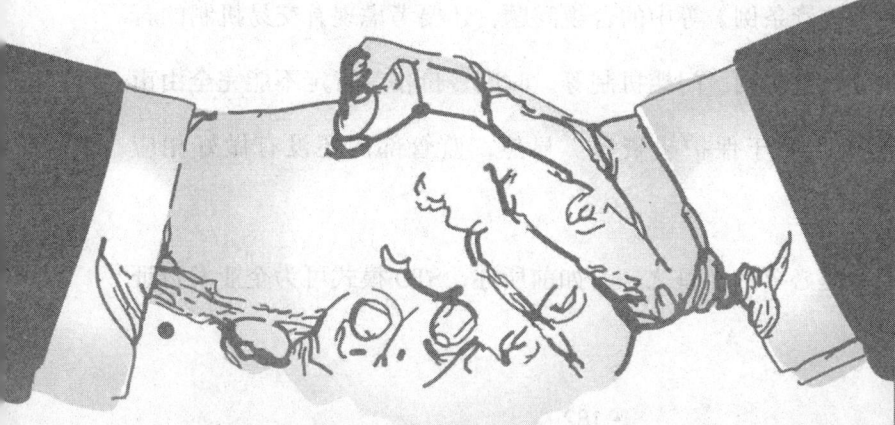

一、证券型通证发行的合规问题

1.STO 与我国现行法律法规

我国对 STO 没有明确的法律法规规定,通过之前发布的几份文件,总体上可以看出我国政府对 STO 持观望态度。目前,如果各种条件具备,不妨先去美国进行 STO,就像阿里巴巴、京东等赴美上市一样,没必要放着现有平台不用,茫然等待。

对于 STO 这种新事物,当前我国相应监管部门面临着监管困境,这主要体现在法律合规、价格机制与发行平台三方面。法律合规方面,STO 想要落地,首先要突破2017年9月4日的《关于防范代币发行融资风险公告》的限制,为保护投资者利益,该公告将所有类型的代币融资界定为涉嫌非法。除非有新的明确认可并支持 STO 的监管文件,否则该公告就是有效的。

价格机制方面,是指一旦监管部门允许 STO 试行,肯定要建立在制定好适合的价格机制之上。相关机制既要考虑到 STO 的特点,又要考虑现行《证券法》《证券监管条例》等中的合规问题,还要考虑现有交易机制的若干细节,比如涨跌停机制、门槛机制等,时间、价格等肯定不能完全由市场决定,否则极不利于保护投资者。显然,监管部门还没有做好相应准备。

发行平台也是必要的准备之一,如前所述,STO 模式可为企业发行证券型通证省去中间环节及相应成本，而这首先意味着对现有平台的改造，相关研发、测试与配套规则也非一日之功。所以，STO 在我国的落地仍需法律、技术等方面的配合。

2. 合规的风险与规避

合规相当于准生证。在当前尚无相关法律可言的情况下，在中国做 STO 是不被允许的，风险也是百分之百的。在这种情况下，既要做 STO，又要规避相关风险，办法依然只有赴美一条路。前面我们讲过 STO 与美国监管法律的对接，基于相关条例，中国企业可以通过 VIE 模式实现 STO，一般逻辑是先在开曼群岛注册离岸公司，然后分别在香港和内地注册公司，境内创始人和境外投资人同时持股，通过开曼公司发行通证并在交易所流转，开曼公司再通过 100% 控股香港公司，进而控制境内运营公司。

当然，这条路径也不是完全没有风险，相反风险还不少。具体说来投资者要面对诸如个人外汇限制、对外投资限制、投资收益返程（税收）方面的风险；发行方则要面对财务成本激增以及新一轮的法律合规等问题。可以说，由于 STO 是个新事物，关于对它的监管在任何地方都不完善，因此出现任何风险都有可能，我们必须明白这个前提，并且基于它做后续判断。

二、证券型通证发行的人才问题

1. 新型边沿合成学科的人才局限

区块链、通证经济和 STO 共同组成了一个巨大的技术范式,面对这个机会,把握这个机会,离不开人才。别看当前区块链在中国已经众所周知,但真正了解的人并不多,真正能端得起这碗"技术饭"的人更少。乐观估计,当前整个区块链行业人才供需比不足 0.15%,无论是技术层面还是外围层面,整个行业都存在很大缺口,都急需专业人才。很多所谓的专业人士,不过是刚刚转行过去的。这不是让大家赶紧去参加各种培训班,实现迅速转型。

说实话,作为一种新型边沿合成学科,普通人是不可能通过短期培训做到这一点的。这直接决定了整个行业人才成长缓慢,加之先前的 ICO 乱象,导致人才部分流失,如今依然坚守下来的,虽然都是经过洗礼的真正意义上的区块链技术人才,他们依然充满着开拓精神和保持着积极的创业心态,区块链思维也称得上深入骨髓,但终究难掩整个行业急需人才的事实。

2. 全球区块链人才现状

区块链人才增长的速度,远远赶不上行业发展的速度,这不仅是中国区块链面临的问题,也是全球的普遍现象。因为区块链的发展不仅是爆炸式的增长,而且是核弹级别的,有时会引发裂变,有时则会导致聚变,甚至有时候是摇身一变，就像从 ICO 到 STO，让行业内的人都有些猝不及防。一夜不学习，就可能赶不上浪潮的脚步。即使连夜地学习，也依然可能赶不上。所以，从阿里巴巴到微软，从北京到深圳，从美国到印度，全球对区块链人才的需求量一再猛增，相应的人才缺口也越来越大，国内外都面临着百万年薪无人能领的尴尬局面。行业领头羊们竭尽所能争夺行业内的顶尖人才。就算传统领域，顶尖人才也永远稀缺，更不要说区块链领域。以印度为例，我们知道它是个软件大国，然而在印度几百万名开发人员中，也只有 0.25% 的人才称得上"区块链人才"，至于顶尖人才，更是一将难求。这还是亚太地区首屈一指的区块链人才储备国家，至于名列其后的中国、新加坡和日本等国，更是区块链人才"短缺"重地。

有需求就有供给，一些大学纷纷开设区块链课程，如美国的斯坦福、麻省理工、普林斯顿、康奈尔，英国的牛津、剑桥、伦敦帝国理工等老牌名校。但是一方面，为打造专业师资，它们首先成了争夺人才的一极；另一方面，在各大企业给出极高薪资的大背景下，大学很难找到非常优秀的教师，并将他们留在大学。就算找到了并且留住了，区块链课程的难度大也是个问题，归根结底，这又回到了区块链人才培养的老问题上。

3.STO 的人才问题

具体到 STO 层面，是另外一个话题。综合前面所述，我们不难看到，企业进行 STO 首先面对的是法律合规问题，其次才是技术问题。然后，企业首先要把技术搞定，才谈得上发行通证。加之相关国家如美国，基本上是将已有监管框架套在 STO 身上，所以 STO 领域尽管也存在人才缺口，但并不像技术层面那样急缺。STO 领域的人才总的来说还是传统 IPO 领域的人才，只不过需要在原有团队中加入一个懂区块链的人。当然，这个人也是必不可少的刚需。

三、证券型通证发行的技术问题

1. 新技术的不成熟和风险

抛开证券型通证发行本身的技术问题不谈，目前它的立身之本——区块链技术，也还存在着一些瓶颈。作为一种还不曾久经考验的新技术，区块链的一些技术瓶颈决定了它还存在一定的安全隐患，具体说来主要有以下几点。

（1）私钥丢失的隐患

区块链技术一大特点就是不可逆、不可伪造，其核心是加密的私钥。但我们的私钥忘了、丢了怎么办？这不是危言耸听。高晓松曾在节目中讲过他的两个朋友，大概意思是说二人在早年合伙买了些比特币，大涨特涨之际，其中一人车祸离世，另一人由于没掌握完整私钥，只能一把年纪了再去打工。很多人可能以为，私钥就像自己的银行账号一样，忘了就忘了，大不了再补一个。然而这是不可能的，区块链为了绝对的安全，在设置时没有第三方的参与，自行生成且由用户自行保管，一旦丢失，便再也无法对账户的资产做任何操作。有人说，能不能改进一下？能，但改进后也就没有意义了，因为私钥的补发与管理和区块链的分布式本身就是冲突的。

（2）量子计算机技术的发展

区块链的核心安全技术即不对称加密，但量子计算机却可以解决不对称加密的问题。如果未来发展理想的话，几分钟时间它就可以从公钥推算出私钥,在推算出所有的私钥后,拥有量子计算机的人就可以随意花费链上的比特币等数字货币。当然,量子计算机什么时候成熟也是个问题,区块链技术也会不断加入新的加密标准,但量子计算机带来的潜在威胁必须引起足够的重视。

(3)错误的实现

区块链是一种算法,先不论这种算法本身如何,即便是理论上非常完备的算法,也会有各种实际上的错误。区块链由于大量应用了各种密码学技术,属于算法高度密集工程,出现错误也在所难免,而且历史上类似事情很多。我们凭什么相信区块链使用这么多加密算法后还能独善其身呢?这就好比你发明了电并习惯了电器化生活之后,就必须承受可能的停电带来的困扰。尽管我们有理由相信,未来相关风险会被逐步解决,然而技术本身的进步也会带来更多的问题,也就是说只要你用某技术,其风险就始终存在。

(4)协议被攻击

前段时间,网传全球第二十六大加密货币比特币黄金(BTG)遭遇51%算力攻击。当时,一名恶意矿工获得了比特币黄金网络至少51%的算力,临时控制了BTG整个区块链,在向交易所充值后又迅速提币,再逆转区块,成功地从交易所窃取了388200个BTG,价值接近2000万美元。

所谓51%攻击,是说在整个网络中有人的算力超过了全网的51%,此时他已经具备了破坏区块链去中心化特性的能力,同时也让网络处在几种攻击风险之下,如私自挖矿、取消所有转账等。获得51%的网络算力成本极其高昂,但就连比特币这样的天价币也不是没有遭受过攻击。2014年,著名的矿池GHash就超过了51%的算力,只不过他们道德高尚,自己请求将算力减少。至于其他区块链,其算力远远无法与比特币相比,理论上也就越容易遭遇如51%算力攻击这样的恶性事件。

此外,人们认为未来攻击协议的其他手段也会层出不穷。由于区块链本身的分布式特性导致其进行整体升级很困难,因此一旦有新的攻击手段问世,可能在很长一段时间内,人们只能眼睁睁看着它对区块链系统造成持续不断的负面影响,却无能为力。

(5)系统性问题

STO建立在区块链技术之上,区块链技术又建立在互联网技术之上,同时又难免在未来与移动互联网、大数据、云计算、人工智能、5G通信等一系列日益迭代的高新技术紧密联系在一起,单纯解决区块链的技术风险问题还不够,还要解决相关系统性问题。就好比研发电动汽车,同时必须解决充电桩等问题。就算我们相信,技术派迟早会给满意答案,但相关风险总是存在的。

2. 新技术发展的快速与不断突破

区块链好比一座巨大的火山,酝酿着巨大的能量,但需要时间才能成熟和爆发。当下,人们已经感受到了这种能量,但这种能量会不会失控是值得注意的。事实上,此前的ICO的疯狂就是一种失控,这还是在政府明确表态不支持的情况下,否则政府现在会处在一个非常尴尬的位置。新技术的发展与迭代本身就会发展与迭代出相应的风险,对从业人员来说尤其如此。

假设你20年前学了个修理寻呼机的技术,那到现在来说是毫无价值的。包括曾经的手机霸主诺基亚、摩托罗拉等,技术一迭代,照样跌下神坛。STO 难道不是 ICO 的迭代吗？现在还在做 ICO 的人，除了他们自己嘴硬，所有人都已经看透了他们的宿命。同样地，STO 在未来是否会被"某某 O"替代呢？我们不能因为现在看好 STO 就断然否定相关可能性。负责任地说，很难预测。就像我们在一年之前根本不会想到会有 STO 问世一样，我们甚至不能想象半年以后的区块链生态圈会有哪种新物种诞生出来。这是一种挑战，也是一种机遇，但是也绝非单纯的利好。

3. 现行法律法规对新技术的友好度

科学技术的发展进步，不仅会改变人们的生活，更重要的是会影响到法律和社会伦理方面。比如克隆技术和克隆人的出现，基因剪辑技术等，都引起了法学界、伦理方面的巨大震动。这既不是法律与科学关系史上的第一次，也肯定不是最后一次。

科学技术的发展会自然而然地拓宽法律调整的领域，或者直接催生新的立法，比如专利法、科技法、航空法、原子能法等。反过来说，法律也在一定程度上影响着新技术的发展，比如著名的"红旗法案"。

1865 年，英国议会通过了一部《机动车法案》，该法规定每一辆在道路上行驶的机动车，必须由 3 个人驾驶，其中一个人必须在车前面 50 米以外做引导，还要用红旗不断摇动，为机动车开道，并且速度不能超过每小时 4 英里 (6.4 千米)。该法案的直接后果，就是使英国在遭受后人嘲笑的同时，也错失了当时在汽车工业发展的机会。

不过像这样的法案，如今在全世界各国依然存在。一定程度上，美国将 STO 这种全新的事物纳入传统监管体系，就是当代的"红旗法案"。显然，区块链通证应该有一部更符合其实际情况的监管条例。当然，我们也不能就此判断现行法律法规对区块链这一新技术的友好度不佳，毕竟它已经解决了有与无的问题，总比让区块链通证完全野蛮生长最后自生自灭来得好。那些试行STO的国家，归根结底还是看到了区块链技术的不容错失以及通证经济的划时代意义，这样的国家肯定会越来越多，对区块链更加友好的法律法规的问世也不会让大家等太久。

四、证券型通证发行的培训问题

1. 培训主体

相对于尚未被首肯的 STO 本身,有关 STO 的培训却一度领先。从 2018 年 10 月初开始,国内各大区块链微信群以及创投业微信群中,时不时会有人问:"我想了解一下 STO,有懂的吗?"于是乎,很多培训班迅速成立,也不论真懂假懂,很多人穿上西装,站上讲堂,开始收费,尽管仅火爆了一个月,但着实也掀起了一波大潮。那时的链圈,不谈 STO 的人似乎都不好意思说自己是链圈中人。一位媒体朋友告诉我们,当时区块链培训机构排着队找他们做广告。现在,全凉了。

究其原因,主要是因为 2018 年 12 月 4 日,有关部门发布了《关于防范以 STO 名义实施犯罪活动的风险提示》,对 STO 做了风险提示,并称 STO "涉嫌非法金融活动",同时告知从事相关活动的机构立即停止关于 STO 的各类宣传培训、项目推介、融资交易等活动,涉嫌违法违规的机构和个人,将会受到驱离、关闭网站平台及移动 APP、吊销营业执照等严厉惩处。这没问题,我们早就说过,本着谨慎的态度,中国尚未放开 STO,它本质上还是一种非法金融,那些非法培训机构并不是基于对 STO 的热爱,而仅仅是基于对市场迎合和利益的追求,不仅开设了相关课程,还不同程度地欺骗公众,说什么 STO 马上就来,时不我待,等等。

抛开这些不谈,最主要的是这里还牵涉到一个谁是培训主体的问题。我们预测,在未来会有专门的、类似券商的咨询或培训机构,就像现在券商指导A股上市公司一样全程指导相关公司发行证券型通证,绝不会像现在这样不分良莠、一哄而上。而到那时,首先说明STO已经合法化,已经有法可依,STO乃至整个通证经济的春天已经来临。

2. 培训的目的

目前来说,国内关于STO的培训整体来说是对市场的贴合度不够。据我们了解,市面上的培训内容都比较肤浅,而且基本重合,都是讲讲STO的概念,STO与IPO、ICO的区别,以及美国SEC的豁免条款等,这些都是入门级的东西,听完这样一节课就想自己去实操远远不够。很多所谓的培训,相对于参加培训者的主要目的,也就是具备自行实操或者辅导其他区块链公司STO的能力来说,远远不够。

STO的现状是,目前企业在美国进行STO没有任何辅导,SEC只负责监管,一旦你有什么地方不合规,SEC罚起款来毫不客气。此前已经有重罚的先例。所以培训,其实更多的是一种合规方面的指导与保驾护航,这通常也不是听听课就能解决的,而是需要一个专业的团队。综合看来,现在很多所谓的STO培训更像是科普讲座或者是宣讲会,起不到应有的效果,自然卖不上价,当然也不应该卖上价。这就导致了一个恶性循环,吸引不来真正有能力的师资,自然无法给参与培训者带来真正想要的东西。

其实,遇上STO的小冰期,行业内应该拿出一点初心来,在"春天"来临前深耕土地,而不是等到STO政策落地后才争着抢着办培训。机会总是留给有准备的人,等大家都看到是机会了,钱就不好赚了,因此培训就应该走在前头。

3. 培训的专业度和水准

谈到 STO 培训，首个遵循美国 SEC 监管的华人 STO 项目 Rapidash CEO 黄伟可能最有发言权。他在讲述自己的公司的 STO 经历时说，由于没有经验，基于在美国不懂法律寸步难行的表浅认知，请了很多专业律师。然而在美国 STO 也是新事物，所请的律师、专家要么不懂装懂，要么收费昂贵，有的 1 小时高达 2500 美元。花完数万美元后，只发现了一个事实，那就是这些人只能提供建议，提供一些必要的公证文件，大部分文件还得自己准备，大部分流程还得自己跟进。

在美国都这样，在国内选一个靠谱的 STO 指导团队就更加难了。曾经，王历还认为这是个商机，想通过做 STO 培训在熊市中"贴补家用"，但最终没有付诸实施。一是还没等开班，禁令来了；二是基于他的理念，要做就做好，而他当前并没有这个把握。至于当前仍然存在的一些行业培训机构，无论从专业度与水准方面来看都是应该打个问号的，毕竟在全球整个行业都没有可供借鉴的成功案例，而它们能提供给人们的，或者人们能直观感受到的，就是学费。综合市场信息，可知相关培训机构的课程基本涵盖了整个区块链领域，根据授课难度、时间和师资的不同，费用也不等，最低 9.9 元，最高 1 个 BTC，甚至更高。STO 课程几乎算得上最贵的课程，如果授课人有过辅助发行 STO 的经验，收费都在 1 个 BTC 上下，约合人民币至少 1 万元。但究竟值不值？这很难说。

STO 的一夜火爆，催生了许多一夜精通 STO 的"专家"，仿佛 STO 不是一门技术，而是一门哲学，可以顿悟。很多人入局区块链行业时间不长，却已换过数个方向，名片上的称谓更是多达十几个，让人目不暇接。他们存在的唯一价值或许就是，让我们看到这确实是个很有潜力的市场，需要更多有能力也有良知的人参与其中，共同为未来 STO 在中国的落地与发展积淀深厚土壤，营造良好生态。

4. 自学的问题

工欲善其事，必先利其器。区块链技术与通证经济未来会覆盖我们的生活，即便你不想做一个专业的开发人员，相应的学习也是必要的。你能想象在未来不懂这些的尴尬吗？看看现在那些还不会用电脑和智能手机的人就知道了。

（1）学会读白皮书。选择任何一个开源项目，都要读它的白皮书，看它的机制如何设定，是不是符合自己。千万别选择联盟链，即使要学那也是以后的事。

（2）必须读些专业书籍。要先从入门开始，系统性地了解，然后开始进阶。如果你准备成为专业人士，并且成为大咖，除非具有深厚的底子，否则就不是读几本书那么简单。当然，这同样需要读书，读专业级别的书。书上的知识比较系统，不像网页上零零碎碎，而且经过出版社编辑的把关，能尽可能确保我们学到真正有益的东西，不至于浪费时间。

（3）在各区块链社区中边实践边学习。高手在民间，在链上，有很多大咖可以请教，还有免费教程及专业人士指导。有的链会收取相应费用，但不必听到费用就头疼，如果物有所值，物超所值，自己也能够承担，知识付费是天经地义的。

（4）进入真正的自学阶段。我们要知道，学校里教的，培训班教的，别人教的，大咖指点的，那只能叫教育；只有你自己学习的，那才叫学习。学习是持续一生的事业，不仅仅是区块链和通证领域。我们建议大家用"树状学习法"来学习,也就是先了解其主体架构,再学习其重点,然后再细化学习分支,从而系统地学习整个知识领域。怎么才算学好了呢?很简单,如果你能以树状图的结构,分层展开,有条不紊,彻底给一个小白讲清楚,就算学得不错。

古人云,诚外无物。真诚会催生兴趣,会让你坚持下去、乐此不疲;会让你有动力去啃那些难懂的概念和没什么趣味性的专业书籍;会让你站在前人的肩膀上跃迁。请大家保持一颗诚心,时间一定会给我们回馈。

后 记

不知不觉,《通证经济改造——全球经济的下一场风暴》一书已经到了续篇的时候。正如区块链技术日新月异的发展速度一样,大家对通证的研究与认知也在不断地更新,故本书在写作过程中也难免存在不足之处。特别是在本书创作期间,被笔者看好的中国市场上时常传来一些政策变化。

中国政府监管部门明文禁止证券型通证首次发行(STO),使得通证经济改造这把开启中国实体经济发展引擎的钥匙失去了很大价值。当然,作为学术探索,我们对通证及通证经济改造在未来世界发挥的重要作用是知晓的,这也是我们在广泛研究国内外关于通证方面的专著,结合我们在区块链领域项目实操经验的基础上,想为广大实体经济从业者、区块链行业从业者、区块链创业者提供一本工具书。让它成为指导我们进行通证经济改造的操作指南,引导更多实体企业家拥抱区块链技术。通证经济改造,将为企业发展开拓更加宽广的道路。

同时,我们也不难预测,伴随着通证经济改造及证券型通证首次发行(STO)在美国等国家或地区的进一步发展,它必将隆重地登上历史舞台,构建实体经济与新虚拟经济之间的桥梁,进而影响全球各国实体经济的发展。

最后，在本书即将付梓出版之际，我们依然内心忐忑。这固然是一本非常实用的书，真正有需求的人，必将在未来受益于它。但在写作过程中我们也发现，仅仅是一本书并不能穷尽所有的东西，未来伴随着区块链技术、通证经济体系的发展，我们也将继续学习创作，在为大家提供新知识、新观点、新思维的同时，也完善我们自己的理论体系，更好地服务于我们的读者朋友。也期待广大读者朋友给我们反馈与提出更多宝贵建议，促进我们的成长。

真挚感恩为本书出版付出劳动的所有见证者。

免责声明

1. 本书中所提及的理论、方法、实操等，旨在为推动技术与行业的发展抛砖引玉与进行有益的探讨，不构成实际操作的推荐或建议。

2. 任何项目方，如果有意学习借鉴，应该事先认真调研，考察当地、当时的法律法规，以及具体的监管环境，保证合规运行操作。

3. 如果据本书中所提供的范例或技术思路操作，造成任何不良后果，作者与出版方概不承担任何法律、经济方面的责任。

特此声明！

参考文献

1. 陈源，胡慧超，刘蕴如等.通证学.机械工业出版社，2019.

2. 金典社区.通证经济：重构数字化实体经济新生态.中国财富出版社，2018.

3. (美)罗宾·蔡斯（Robin Chase）著，佟鑫，徐娇编，王芮译.共享经济：重构未来商业新模式.浙江人民出版社，2015.

4. 高航，俞可劢，王毛路.区块链与新经济：数字货币2.0时代.电子工业出版社，2016.

5. 杨昂然，黄乐军.区块链与通证：重新定义未来商业生态.机械工业出版社，2018.

6. 颜阳，王斌，邹均.区块链+赋能数字经济.机械工业出版社，2018.

7. 徐明星，李霁月，王沫凝.通证经济.中信出版集团，2019.